糧《かて》は野《の》に在《あ》り

現代に息づく縄文的生活技術

かくまつとむ

農文協

タコ捕り（奄美）

潮がよく引く大潮の干潮を利用して、磯の穴に潜んでいるタコを探し出す。

近年は激減したが、浅い磯のところどころにはまだサンゴが生きている。

中央の横長の穴にタコがいる。タコが利用している穴は、周囲にさまざまな形跡がある。

穴の中のタコを銛《もり》で突き刺し、足を絡めたところに手《て》鉤《かぎ》を差し込んで引き出す。

夜いざり（奄美）

冬、最も潮が引く真夜中、
島の海岸には幻想的な漁火《いさりび》が灯る。

潮が引いた夜のサンゴ礁。ランプで潮だまりを照らし、寝ている獲物を静かに探す。

コブシメ（コウイカの仲間）が捕れた。ヤスで刺したら間髪入れず高く掲げる。

ナリ味噌（奄美）

海沿いの岩場に広がるソテツの群落。
その実は飢饉のとき主食代わりになった。
防風や土壌流失を防ぐ役割もある。

ふたつに切ったナリ（ソテツの実）は、日光に晒《さら》すと橙色の皮から離脱する。この段階ではまだ猛毒。

麹《こうじ》とナリの粉、皮を剥いた唐芋《からいも》、茹でた大豆を入れ、丁寧に搗《つ》き混ぜる。

熟成途中の若いナリ味噌（約３か月）。調味料というよりは油炒めの具材として利用される。

シシ垣（熊野）

獣の侵入を防ぐために築かれたシシ垣。修繕する者もなく、崩れつつあるところが多い。

那智勝浦町高津気《こうづけ》地区に残るシシ垣。昔も獣害は深刻だったようで、数kmにもわたって築かれている。

苔むした高津気のシシ垣。野生動物が再び人里に出没し始めた今、もう一度昔の知恵に学ぶ時代が来た。

シシ犬（熊野）

仕留められたイノシシに食らいつく犬たち。猟欲（動物への執着）の強い犬がよい猟犬になる。

（滝尻伍一郎氏提供）

ハンターは犬の心理にも通じていなければならない。山の中に散っている猟犬たちを笛１本で呼び戻す。

猟の基本「見切り」。足跡の大きさや数、鮮度などから獲物の大きさや行動を推理する。

イノシシが通ったときシダに付着した泥の位置（高さ）も、獲物の大きさを知る手がかり。

コド漁（新潟）

コドはサケを誘引する装置。竹や笹、カヤで三方を囲い、上面も覆う。サケは流芯側と下流側の隙間からコドの中に出入りする。

コド内部。葉付きの青竹（シダ）や笹の束、囮《おとり》のサケ（親）が遡上途中のサケを誘い込む。

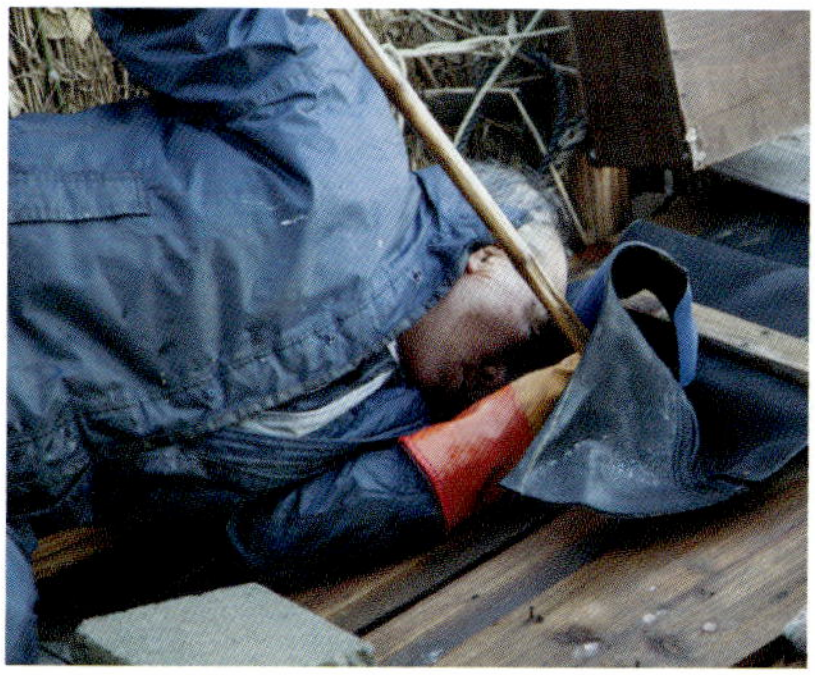

覗き窓からコドにサケが入っていることを確認したら、鉤竿《かぎざお》を水の中へそっと差し込む。

鉤先にサケの体が触れた瞬間、一気に引いてそのまま覗き窓から抜き上げる。

越網猟（宮崎）

息を殺してカモが坪すれすれに飛んでくるのを待ち構える。姿よりも羽音が頼りだ。

小高い丘に囲まれた池。草木を刈り込んだ凹字型の空間がカモの通い道となる「坪」だ。

カモが網に当たった衝撃で網を枠の下で張り支える「おこつる」（カヤの輪）が切れ、落下したカモは網が絡んで動けなくなる。

捕獲の瞬間。網の奥にカモが当たり「あざお」と呼ばれる竹の枠がしなる。

糧は野に在り

現代に息づく縄文的生活技術

Contents

奄美の海幸彦・山幸彦

熊野、森棲みの暮らし

糧は野に在り
現代に息づく縄文的生活技術
Contents

《写真撮影》「奄美の海幸彦・山幸彦」：浜田太、「熊野、森棲みの暮らし」：木村雅文、「コド漁」：田渕睦深、「カジカ漁」：著者、「ヘボ追い」：久野公啓、「越網猟」：芥川仁。撮影者が異なる一部写真については、写真説明文の末尾に提供者名を記載した。（口絵写真も同じ）
《イラスト》角愼作

奄美の海幸彦・山幸彦

奄美の伝統的背負い籠「ティル」

奄美大島
笠利崎
前肥田
奄美市
笠利町
奄美観光
ハブセンター
笠
利
湾
名
瀬
港
龍郷町
喜瀬
奄美
空港
奄美市
名瀬
大和村
金作原
枝手久島
湯湾岳
694
住
用
川
宇検村
住用湾
奄美市
住用町
マングローブ
曽津高崎
瀬戸内町
58
市崎
古仁屋
加計呂麻島
与路島
請島
鹿児島県
奄美大島
0
200 km

シイの実ごはん

照葉樹の島、出作り小屋の暮らし

琉球弧《りゅうきゅうこ》の北端に位置する奄美大島は、照葉樹の島である。優先樹種はイタジイやオキナワジイとも呼ばれるスダジイで、森を構成する樹種のおよそ7割を占める。背の高いシイが空を覆う薄暗い森の下には、猛毒で知られるハブ、世界で奄美諸島にしか分布しないルリカケス、同じく固有種で生きた化石とも呼ばれるアマミノクロウサギやアマミトゲネズミなど、個性あふれる生き物たちが棲む。深いシイの森から滲み出た水が集まる奄美一の大河・住用《すみよう》川の河口には、日本では西表《いりおもて》島に次ぐ規模のマングローブが広がっている。

住用町の元武光《はじめたけみつ》さん（1941年生まれ）は、奄美の自然の中で暮らしを立てる自由人だ。実家はあるが、ふだんは集落はずれの柑橘《かんきつ》畑に建てた電気のない出作り小屋にひとりで住んでいる。テレビもラジオもなく、日没とともに横になり、日の出とともに起きる毎日。食べるものは畑で育てた野菜と果物、そして森や川、海から採ってきた自然の幸だ。コメや調味料などの必需品は、結いの気風が今も色濃い地域の付き合いの中で、それらと交換する形で不自由なく得ている。

拾ったシイの実を手に持つ元武光さん。野菜作りと、縄文さながらの漁撈・採集で気ままに暮らす自由人。

元さんのなりわいや生き方を、今の社会のしくみに当てはめて説明するのは難しい。日々畑を耕しているという意味では農業なのかもしれないが、営んでいるのは自給のための農だ。農協に出荷するほどの規模ではないし、直売所に置いているわけでもない。つまり作物を現金化するという考えがない。ただただ自分が食べ、人と分かち合うためだけに鍬《くわ》を握っているのだ。

子供は6人いるそうだが、妻とは早くに別れた。若いときは山仕事や土木作業の日雇いに出て、必死にゼンモケ（現金稼ぎ）をした。子供たちが全員一人前になったのを見届け、今の気ままな暮らしに入ったという。いや、入ったというより戻ったといったほうがよい。元さんは「自分はその気になれば畑さえなくても生きていくことができる」と笑う。子供のころから勝手知ったるシイの森やマングローブに入れば、自分ひとりを養うくらいの野の糧は得ることができるからである。

草木の若芽、各種のタケノコ。木の実、キノコ。本州のそれとはやや顔ぶれが変わるものの、亜熱帯の地である奄美にも春秋の訪れを告げる野の幸があり、小屋の裏手に続く住用川へ降りてカニや魚

葉ニンニクを収穫する元さん。食べきれない野菜は、ご近所におすそ分け。すると米や調味料などに姿を変えて返ってくる。

を捕まえれば、味噌汁の具やおかずにも困らない。ちょっと精のつくものを食べたいときは、川に漬けバリを仕掛けると大きなウナギも釣れる。元さんにかかると、猛毒のハブだってごちそうだ。

子供のころから、どこでも裸足

生来《せいらい》体が丈夫なようで、病気にかかったことはない。どの木を煎じて飲めば体によいかも子供のころから知っていて、それを日々の健康管理に生かしている。最近は小屋を訪ねてくる友人にインスタントコーヒーなどもふるまうようになったが（物々交換で得たものだ）、自分はコーヒーが苦手で、もっぱらグミやタラの木を煮出して作ったお茶を飲み、いつ襲ってくるかもしれない体の変調に備えている。

自給と交換を主とした暮らしの中では、それほど現金は必要ない。わずかな年金と、たまに頼まれる畑の草取りなどの手間賃で十分暮らせる。お金が足りなくなったら、山に分け入ってハブの数匹も

元さんはいつでも裸足。岩や枯れ枝のある森の中も平気で歩く。

捕ってくればよい。奄美ではハブの咬傷《こうしょう》被害を防ぐため保健所がハブを買い上げる制度がある。強壮剤やスネークショーに使うため買い集めている会社もあるので、そこそこお金になるのである。

元さんの風貌や物腰は、自由人というよりは寡黙な野人だ。冬でも半袖姿で、出作り小屋では着のみ着のままで毛布を1枚だけかぶって寝る。南国とはいえ、島の冬はそれなりに冷えると地元の人たちは言う。でも、元さんは寒いと感じたことがない。山の中でも、夜露とダニ除けの雨合羽さえあればいつでも横になれる。春秋は、むしろ小屋で寝るより山の中のほうが快適だそうで、雨合羽1枚だけを持って〝キャンプ〟に出かけることもある。南米最南端のフエゴ島にたどりついたマゼランが、南極から吹く震え上がるほどの風の中、裸同然で暮らす先住民を見て驚いたという話を思い出した。元さんも、体の新陳代謝そのものが、自然から遠ざかって軟弱化した私たちとは違うようである。

元さんに初めて会った人の誰もが驚くのは、どこへ行くにも裸足であることだ。砕石の砂利道も、枯れ枝の散る森の中でも、あるいはマングローブの泥の上でも、いつも裸足。その甲は分厚く、足裏はゴムタイヤのように固い。ときどき近所の人が気を利かせたつもりで運動靴などを差し入れるそうだが、子供のころから裸足で過ごすことが多かった元さんにとって、靴は自由を拘束する窮屈な存在でしかない。島の民俗写真を見ると、戦前の農村部では素足で往来を歩く人の姿が少なくない。元さんを見ていると、そんな奄美の古い景色とオーバーラップすることがある。

6人兄弟、山のシイに育ててもらった

もともとは農家の生まれで、住用で最も貧しかったと自ら語る家の長男だ。両親を助け、5人の弟妹を食べさせるのに精いっぱいで、学校にはほとんど通う暇がなかった。

「終戦後、それも奄美が本土に復帰する前でしょう。わん（私）の親はふたりとも体が丈夫でなかったので、暮らしがすごく苦しかった。まわりも貧乏やったけど、そのなかでわんのところがいちばん貧乏よ。田んぼでコメを作り、畑ではイモを作りよったが、食べ物は足りなかったね。今日は弟や妹たちに何を食べさせようか。それが毎日起きたら思うことで、わんの遊びというのは食べ物を探すことと一緒だったよ。山に遊びに入れば、小さいカニを捕ってきて野菜と一緒に炊いてだしにした。カエルも食べたし、ヘビもおかずにした。昔は田んぼにドジョウやタニシもようおって、ウナギも川からたくさん上がった。こういうものを家族のために毎日捕るのがわんの遊びであり、仕事だったね」

そんな元さんが、いちばん助けられた野の糧はシイの実だったという。本土でシイの実といえば、戯れに炒って食べるおやつ代わりのもの、というイメージが強いが、かつての元さんにとってはコメにも匹敵する大事な食べ物だった。

奄美の森の主要な構成樹であるシイの木。

シイの実は、昔から奄美の人たちの暮らしを支える「天賦の穀物」だ。長さは約1.5㎝。殻の中に詰まった実はあくがなく甘みがある。

「11月から12月ごろ、山ではシイの実がたくさん落ちるのよ。その時期になると毎日奥山まで拾いに行ったね。鍋で乾煎《からい》りすると殻が割れて中の実が取り出しやすくなる。その白い実をごはんみたいに炊いて食べるよ。コメがまだあるときは、シイの実を減らして混ぜごはんやお粥のようにして。そのころはおいしいと思ったね。今も年に1回はシイの実ごはんを炊くよ。懐かしい味だし、好物だから。とにかくわんの家は、シイの実に助けられた。そのころ、シイの実を拾う家はほかにもあったけど、わんところほど必死に拾う家はもうなかったね。そうだね、主食の7割はシイの実。わんら兄弟はコメでなく山のシイに育ててもらったっちょ」

餅、ごはん、焼酎、基本食だったシイの実

シイが森の中心的な樹種である奄美では、毎年落ちるシイの実の量も相当なものである。縄文時代の島の人々も利用した痕跡があるし、幕末に奄美へ流された薩摩藩士の名越左源太《なごやさげんた》が綴った当時の習俗メモを見ても、シイの実は島の人々の重要な糧であったことがわかる。その記録『南島雑話』から、シイの実の記述を引用する。

「大島は大山にして椎木多き故、椎の実多くなる年は莫大のものなり。島中男女精を入て、是の椎の実を拾ひ、朝夕の飯料とす。米の飯に次で上食なりと云ふ。蒸し或は煮て、囲炉裏の上に上げ、又は日に干して乾かし、臼にて皮を搗き砕き、実を汰分けて、飯、或は粥、或は味噌、或は焼酎、或は蒸菓子にす。（中略）椎の実を拾ふ事至て難儀なるものなり。大島の山巌石の坂道のみにして、夫を暁天に松明を輝かし、卯の刻までに壱里余も行て、其日終日、幽谷を経、絶壁を越え、数川を渡り、椎の実のある所を爰彼しこと尋廻りて終日拾へば、上手は二斗余も拾ふ。手籠を背負て夫を入れば、漸々重く、中々難儀なるものなり。又三、四里奥山に泊まり、翌日終日拾ふて帰る。島民是を天賦の穀物なりと、苦労しても拾ふなり」

元さんのようにごはんに混ぜるだけでなく、味噌や焼酎も作った。奄美大島では、シイの実はまさに天与の糧で、その独特な食文化は半世紀ほど前までは続いていた。奄美在住の写真家、浜田太《はまだふとし》さん（1953年生まれ）は、子供のころ、事業をしていた父親がシイの実を集荷して売っていたことをかすかに覚えている。『名瀬市史《なぜ》』に掲載されている明治41年（1908）の林産物概要には、角

シイの実拾いは、11月から2月ぐらいまでの作業だった。

材や竹材、薪材、木炭、椎茸などとともに椎の実という独立した項目がある。出荷高は４０４５石となっている。現在の単位に換算すると約７２８トンだ。売上金額は２万４３６８円。シイの実の用途が何であったかは定かでないが、この金額は材木、薪材に次いで多く、経済資源としても重要な存在であったことがわかる。

シイの実拾いは、奄美では「シーヒレ」と呼ばれてきた。少なくとも昭和の初めごろまでは普通の光景で、多くの世帯にとっては生活暦の一枚であった。元さんによると、実を覆うシイ独特の深い殻斗《かくと》（いわゆるどんぐりの帽子）が大きく3つに割れだすころに、その年最初の強い北風が吹くという。時期としては11月である。この季節風を合図に、どの家も朝早くからシーヒレに出かけたそうだ。

シイの実は、ティルと呼ばれる背負い籠で担ぎきれないほど採れた。持ち帰った実は『南島雑話』にも記されているように、大鍋で煮てから乾かし、臼で搗《つ》いて殻と中の茶色い薄皮を取り除く。実の中には虫が入っていることも多いが、熱を通すと死滅する。蠟《ろう》のように白く乾いた灰白色のシイの実は、1年近くは貯蔵することができた。かつての奄美の人々は、そのつど蓄えたシイの実を粉にし、餅の増量材にしたりごはんやお粥に足した。シイの実は、同じどんぐりの仲間でもカシやナラのように渋みがなく、あく抜きせずに食べることができるのが特徴だ。

焼酎の原料にも使われていたというのは驚きだが、これには奄美らしい背景がある。名越左源太の記述によれば、当時の奄美では砂糖がきわめて貴重な産品であったという。奄美でコメが慢性的に不足してきたのは、薩摩藩が穀類より換金性の高いサトウキビの栽培を強いたためだともいわれる。管理も厳しく、砂糖の精製作業に紛れて酒を醸《かも》してはならないといった禁令もあった。奄美の酒といえば現在は黒糖焼酎だが、当時の島民はコメ、ムギやアワなどの雑穀、そしてシイの実や毒抜きしたソ

ティルと呼ぶ小さな背負い籠は『南島雑話』にも出てくる。

シイの実は水に入れて洗う。浮くものは中身が入っていないので捨てる。

テツの実など、さまざまな澱粉を利用して焼酎を作っていた。名越左源太は、シイの実で作る焼酎は辛口で味がいたってよろしく、蒸留量も多いと書き残している。

元さんの家では、シイの実に頼る暮らしが戦後しばらくまで続いていた。シイの実のような山の幸がこれほど近代まで命の糧となりえた例は珍しいだろう。北国でこれに相当するのはミズナラやトチの実だが、ここまで中心的な糧ではない。クリの栽培は縄文時代から行なわれていたというのは古代史の定説だが、後年の位置づけはおやつだ。味噌や酒までシイの実でまかなっていた奄美の食文化と、これほどすぐれた扶養力を持つシイの森には感動すら覚える。

家族8人で年間1トン近いシイの実を食べた

かつてシイの実はどれぐらい食べられていたのか。元さんの家の記憶からざっと計算してみた。カロリーなどの栄養価はとりあえず度外視し、コメの重さにそのまま換算してみる。宮沢賢治が『雨ニモマケズ』の中で「一日ニ玄米四合ト味噌ト少シノ野菜ヲタベ」と詠んでいるように、今ほど副食の種類や量が多くなかった時代、ひとりが食べるコメの量は多かった。終戦直後の元家のひとり当たりのコメの消費量を仮に1日2合半（茶碗にして6、7杯）としてみると、両親と弟妹合わせた8人が食べる1日の主食の量は2升（3・6kg）だ。主食の7割がシイの実だったという元さんの証言を年間の日数に換算すると、約250日はシイの実を食べていたことになる。これに日量である3・6kgを掛けると、食べた（拾った）シイの実はおよそ900kg。殻の重さを入れると1トン近くになる。元さんの記憶でも、ほぼそれぐらいのものではないかという。

洗ったシイの実を鍋で乾煎りすると殻が縦に割れて剥きやすくなる。隠れていた虫が出てくるので取り除いておく。

今も年に一度はシイの実ごはんを炊く。元さんにとっては思い出の味だ。

そんな豊穣の森を、元さんとともに歩いた。

巨大なシダの仲間で、恐竜が闊歩した時代を思わせるヘゴが生えた林縁の一歩先は、シイの大木が傘のように覆う薄墨色の世界だった。時期は少し遅かったが、雨で濡れた林道には黒い瞳のようなシイの実がそこかしこに転がっていた。

「あらかた食われてなくなっているね。盛りの時期はこんなものではないし、昔はもっと実があったものさ。豆をばらばらっと撒いたように真っ黒で、そのへんにしばらくしゃがんで拾うだけでティルがいっぱいになった。昔はな

殻から取り出したシイの実。白くてほんのり甘く、苦みやあくはない。

炊き上がったシイの実ごはん。甘く上品。カシの実も少し入れてみた。

元さんがカシと呼ぶオキナワウラジロガシの実。日本最大のどんぐりで、長さ3㎝ほどになる。奄美大島が北限で木の数は少ない。苦いが茹でて晒せば食べられる。飼っているイノシシの餌にする。

るべく大きな実のなる木を見つけておいて、そこへ真っ先に行ったよ。種類は同じだし木の大きさも変わらないのだけれど、ひと回りほど粒の大きな実のつく木が、山の中には何本かあるのさ。わんはそれを全部知っておった。頭の中の地図に入っていたね。あんまり欲張るとティルが重くて持ち上がらないから、半分ぐらいたまったら山を下りた。それでも1日50kgぐらいは拾ったよ。北風が吹き始めたら毎日、毎日シイの実拾い。シイに実がなるおかげで、わんと弟、妹たちはひもじい思いをしないですんだのさ」

母なる樹、豊穣の森の静かな異変

シイは、ブナのように豊作と不作を隔年で繰り返すことはないらしい。大きな台風さえ直撃しなければ、毎年たくさんの実を落としてくれた。その確実性にずいぶん助けられたものだと元さんは語る。ところが近年、奄美のシイの森には静かな変化が起きている。かつてに比べると半減といってよいほど実がならない年があるのだ。

奄美の自然に詳しい写真家の浜田太さんは、この現象を温暖化の影響とみる。台風の接近が早まり、早い年は5月ぐらいに奄美を襲う。台風に刺激された梅雨前線は大雨を降らせ、開花中、あるいは受粉直後のシイを直撃しているのではないかというのだ。

地面を見る限りは実がたくさん落ちているが、殻斗がついたままの実は中身が入っていない。殻に小さな穴が開いた実は虫が食ったものだ。毎年豊作だった時代は、こういう実はあってもそれほど目立たなかった。虫も食べきれないほど実ったのだと元さんは言う。

人はほとんど食べなくなってしまったシイの実だが、森の生き物たちにとっては今も重要な命の糧である。

奄美大島固有種のルリカケス。シイの実が好物で地中に貯える習性がある。

「イノシシはシイの実が大好きだね。今も山へ入るとシイの木の下でたまに顔を合わせるよ。わんとイノシシはシイの実を分け合った兄弟よ。もっとも、瓜坊《うりぼう》（幼獣）だったら追いかけて捕まえてしまっていたけどね（笑）。瓜坊は斜面の上に追い立てると捕まえやすいよ。あれは逃げて藪《やぶ》の中に入るとじっとしている習性があるよ。気がつかんふりして近づいて一気に押さえる。タイミングさえ合えば、歳がいって動きの鈍くなった今でも簡単に捕まえられるよ」

シイの実を食べるのはイノシシだけではない。山鳥（ルリカケス）や、ウサギ（アマミノクロウサギ）、カモにとってもごちそうだ。モクズガニも川の中に落ちた実にかじりつく。シイの群落は奄美の生態系にとっても重要な、母なる樹なのである。

シイは人や動物に栄養のある実をもたらしてくれるだけでなく、煮炊きの薪や木材にもなった。昔は、太く素性のよい幹は輪切りにし、薄い柾目《まさめ》の板に割って出荷した。榑木《くれき》といって、こけら葺きの屋根材になったのである。シイの材は乾燥すると暴れやすいので建築材には向かないが、腐食に強いため鉄道の枕木に使われた。大正時代、奄美に1万2000ヘクタールもの広大な森林を取得した岩崎産業という会社は、シイの枕木で巨万の富を得て大財閥に成長した。

先の林産物概要にあるように、薪やシイタケも奄美の重要な経済資源で、当然ながら島の人たちも日常的に利用した。シイタケというとクヌギやコナラの原木栽培を思い浮かべる人が多いかもしれないが、その名が示すように、もともとはシイなどの照葉樹林に多く発生した食用菌である。

戦後、インフラとしての鉄道整備が一応の役目を終え、燃料革命で石油やプロパンガスの暮らしに入ると、シイの伐採は一段落する。入れ替わるようにやって来たのが製紙用のパルプ需要だ。チェーンソーがけたたましい音を立てて森を丸裸にしていったが、やがて海外からの輸入パルプに太刀打ちできなくなった。元さんは、それぞれの伐採現場で日雇いの作業員として働いてきた。そして今、再び木が盛り返した静かな森に入ってシイの実を拾い、子供のころを思い出しながらシイの実ごはんを炊いている。

〔2007年取材〕

森の空を覆うシイの大木。アマミノクロウサギやリュウキュウイノシシもシイの実に依存している。

ガサム捕り

川は生簀《いけす》、困ったらマングローブへ

奄美大島の中部を流れる住用川は、元武光さんにとって軒先の生簀のような存在だ。魚やカニが食べたいと思ったら、潮が引くのを見計らって徒歩5分ほどの川岸へ降りる。そこは、気根と呼ばれるタコ足のような根を泥の中から伸ばすヒルギの大群落だ。満潮時は水没した林だが、干潮になると林の中に広い干潟が顔を出す。つまりマングローブである。

「おかずに困ったらマングローブ。ここに来れば、冬以外はまず食べる物に不自由することがないよ。小さなカニは味噌汁のいいだしになる。ククスコなんかは、昔はみんなが採ったものさ。足で泥を探ればいくらでも出てきたし、ヒルギの根元にもごろごろ転がっておった。鍬《くわ》でたくさん掘る人もあったね。それくらいククスコはおったものだけど、いつの間にか減って、今は採ってはいけないことになってしまったけどや」

元さんがククスコと呼ぶのは、ハマグリほどもある日本最大のシジミの仲間、ヒルギシジミのことだ。シレナシジミ、マングローブシジミという別名もある。けっして味のよい貝ではないし、殻が大

ガサム（ノコギリガザミ）を手に持つ元さん。

メヒルギ。板根(ばんこん)が特徴。オヒルギの根は膝根(しっこん)といってタコのような形。

きく重い割には身の量が少ないそうだが、手軽にたくさん採れたことから、昔は川沿いの暮らしの中でそれなりの地位にあった幸だ。

「今も大潮になったら必ず行くのがガサム捕りだね。ガサムはマングローブにおる大きなカニさ。大物だから捕るのが面白いし、なんといっても食べておいしい。捕る方法は簡単。手づかみ。おりそうな穴を見つけたら腕を入れて引っ張り出す。それだけ。ただ、その引っ張り出し方にちょっとした秘訣があるわけ」

元さんは、いたずら小僧のように笑う。

巨大なハサミの美味なカニ、ガサム

ガサムとは、ノコギリガザミの奄美名である。熱帯から温帯の汽水域にいるワタリガニの仲間で、各地でさまざまな名前で呼ばれている。沖縄の西表島ではガザン。高知県ではエガニ。和歌山県南部ではイシクダキ。静岡県の浜名湖ではドーマンと呼ばれる。エガニは江蟹、イシクダキは石砕き、ドーマンは胴丸の転訛《てんか》で、いずれもノコギリガザミの生息環境や身体的特徴をとらえたものだ。私も何度か捕獲に挑んだことがあるが、迫力満点の獲物だ。そのボディーは、水の上から見ると英国車のロールスロイスのような豊かな丸みと重厚感を持っている。力強そうな大きな爪も印象的だ。

元さんによると、ガサムはいつもマングローブの中にいるわけではないそうである。ふだんは河口の深い水道に棲み、潮が差し込むと流れに乗って浅いマングローブまで出てくる。死んだ魚や小動物をあさるためだ。潮が引くと多くは水道の深みへ帰っていくが、ときどき戻りそびれるものがいる。甲羅は鎧のように厚く、ハサミもペンチなみに強力。自然界では無敵のように見えるガサムだが、かなり用心深く、浅場に残ったときはヒルギの木の根元や泥穴の中に潜り込む習性があるという。

「小さい穴には小さいガサムが、大きい穴には大きいガサムが隠れておるね。わんはマングローブのどこにどれぐらいの穴がいくつあるか、全部知っているよ」

穴を手探り、挟まれたら血も出る、涙も出る

ガサムは、穴の中にお尻をねじ込むように入っている。つまり入り口に向かって大きなハサミを構えた状態で定位している。穴の中に手を入れるということは、このハサミと正面から向き合わなければ

ガサムの捕り方

大潮の干潮時に、ヒルギの間の水溜まりを探す。

大きな丸い穴があればガサムのいる可能性大。ただ、メタン臭がするような泥深い場所にはいない。

肩まで穴に手を入れて探る。殻や爪に触れたら、挟まれない部位をつかんで力強く引き出す。

50代半ばのころの元さんとオナガウツボ。2mをゆうに超える大きさと、鋭い歯を持った険しい顔つきは、まさにマングローブの怪物。怪力の持ち主でもある。

オナガウツボの口。噛まれたらただではすまないので、素人は不用意に穴へ手など入れないように。

ばならないということだ。うかつに手を突っ込めばたちまち指を挟まれ、ただではすまない。

「割り箸なんか簡単に砕いてしまうね。力が強いだけでなく、ハサミの先はとがっているので挟まれたら血が噴き出るよ。もちろん痛いさあ、わんも何度も挟まれた。大人でも涙が落ちるほどだね（笑）。でも、この痛さを覚えないとガサムは捕れんっちょ」

泥の中の穴に手を入れ、硬くなめらかなものに触れたら、それはガサムだ。確認できればいよいよ捕獲だが、技がいるのはこの先である。振り上げるハサミをいなすよう、とにかく挟まれないようにやりすごし、狭い穴の中で指をガサムの背後に回す。そう、それは人の指とカニのハサミとのレスリングである。ハサミの攻撃をかわし、胴の後端か脚に指先がかかったら、渾身の力でつかんで引きずり出す。のっぺりした干潟に素早くほうりあげてしまえば、ガサムはなすすべがない。

うまくあしらって背後に手を回せば勝てるといっても、穴の中の様子を直に見ることはできないので、人にとってはハンディの多いレスリングだ。指先に伝わるガサムの気配で、今、体のどの部分に触れているのか、やっかいなハサミがどの位置にあり、ガサムはどう動こうとしているかを瞬時に判断するのがコツだそうである。マングローブの穴の中には、まれに2mを超える巨大なオナガウツボ(汽水域に棲むウツボの仲間)が潜んでいることもある。大きな鋭い牙と強靱なあごを持ち、危険度ではガサムよりはるかに上なので、素人は興味半分でマングローブの穴の中に手など入れないほうが無難だ。

河口の森で育まれるたくさんのいのち

ところで、マングローブとは特定の樹種を指す名前ではない。潮の満ち引きのために冠水と露出を繰り返す、川の河口部に適応した植物群落、あるいは構成樹種を指す。熱帯から亜熱帯に見られる独特の植生で、住用川ではオヒルギとメヒルギからなる。群落が見られる範囲は1kmほどだが、ガンジス川のデルタ地帯などでは数百kmにも広がっている。

マングローブ植物には、いずれも耐塩性があり、有害な塩分を排出する細胞構造を持っている。幹を支える主根はずっと泥の中にあるため酸欠状態だが、地上部に大きく伸ばした気根から、潮が引いたときに酸素を取り入れる。低湿地に適した種子散布のしくみもマングローブ植物の特徴だ。たとえばヒルギの仲間は胎生種子と呼ばれるペン型の種子をつける。干潮時に枝から脱落すると、重力によって柔らかな泥へ突き刺さり、そこを足がかりに発芽する。突き刺さらなかったものは潮に流さ

ガサムの手づかみは、河口の水位が大きく下がる大潮の干潮時にだけできるダイナミックな漁。

れ、最後は浅い場所に漂着してそこで根を下ろす。

上流の森から流れてきた有機質と、海水が運び上げるミネラルが合流し、行きつ戻りつしながら長い時間滞留するマングローブは、きわめて栄養豊かな場所だ。マングローブ植物自体が落とす葉や枝の栄養量もばかにならない。これらを微生物が分解し、その微生物混じりの泥や有機物片を、小さなカニやエビ、巻き貝が食べる。毎日定期的に浅くなるため泥の上は日当たりがよく、珪藻《けいそう》などの植物プランクトンも湧きやすい。マングローブは低緯度地域における食物連鎖の要なのだ。

1ヘクタール当たりの土地の年間生産力を動植物の乾燥重量で計算する方法がある。それによると、温帯常緑林の生物生産力は13トン。熱帯雨林やサンゴ礁は20トン、マングローブは湿地帯と並んで25トンで、最も高い生産性を持つ。ちなみに私たち人間が命を委ね、数千年にわたって必死に利用効率を高めてきた農耕地の平均生物生産力は、年間わずか6・5トンだ。

日本も加担しているとして問題視されることのある東南

オキナワアナジャコの塚。多孔質空間を作り底土に酸素を供給する役目も果たす。

オキナワアナジャコ。体長約15㎝。日本最大のアナジャコの仲間で、掘り出した泥で1mにも及ぶ巨大な塚を築く。

ミナミコメツキガニ。潮が引くと大集団で現われ、前進歩行しながら砂に含まれる餌を食べる。残りは小さな丸い砂団子にして吐き出す。マングローブの掃除屋的存在だ。

ミナミトビハゼ。マングローブに生息し、潮が引くと泥の上を飛び跳ねて移動する。餌はゴカイや小型甲殻類。ヒルギなどの気根の上でよく見かける。動きは非常に敏捷。

アジアのマングローブ破壊も、もとはといえばその生物生産力の高さに理由がある。マングローブを伐採して（日本人が大好きな）エビの養殖池にすると、土壌に豊富に含まれる栄養分のおかげで数年間は餌を与えなくてもエビがよく育つ。しかし、畑の連作障害と同じで、いつかは栄養が尽き、病気なども発生しやすくなる。そうなると池を放棄し、新たな伐採と造成を行なう。

　マングローブでは林業も行なわれている。かつてヒルギは、沖縄や奄美の河口近くの家では手ごろな燃料として利用された。現在、ホームセンターなどでバーベキュー用に廉価《れんか》で売られている東南アジア産の炭は、マングローブで焼かれたものである。マングローブ炭はエビ養殖と同じように環境破壊の元凶として指弾されることもあるが、近年では保護意識も進んでいて、日本の森林施業同様に計画的な伐採と植林が進められているそうである。

マングローブにはまだまだ幸がある。タンニンを多く含んだ樹皮は、布や漁網を美しく丈夫にコーティングする染料として利用された。沖縄伝統の紅型染《びんがたぞめ》にも使われているし、木造漁船「サバニ」の防腐剤として豚の血に混ぜて塗られた。東南アジアでは、さまざまな民間薬もマングローブ植物の中から見出されてきたという。

そこでは当然ながら漁業も営まれている。主な対象はやはりカニで、もっぱら自給のためのものだ。おかずに困ったらマングローブへ行くという元さんの暮らしは、あるひとりの男の風変わりな生活ではなく、じつはマングローブという環境に根差した人間の根源的な生き方なのである。いわば元さんは北限のマングローブ民なのだ。

年々減少し、小さくなるガサム

ところで、ガサムことノコギリガザミは、移動性が強いワタリガニの仲間の中でも、きわめて定住性や帰巣性の強いカニだという。マングローブの中は餌が豊富なだけでなく、泥が柔らかいため隠れやすい。穴を掘るときの足がかりに適した気根も多いので、ノコギリガザミにとって安心しやすい場所になっている。だが、北限のマングローブは今、風前の灯である。

アメリカからの復帰後「本土並みの生活」を合言葉にしてきた奄美では、離島振興法などの下《もと》でさまざまな大型公共事業が行なわれてきた。それによる乱開発を止めたのは小泉構造改革だった。つまり大幅な緊縮財政策だが、20年以上にわたる開発工事によって陸から流れ込んだ赤土は、住用川の底をすっかり硬くし、微生物をはじめとするマングローブの生態系にボディーブローのような影響を与えてきた。

その指標生物のひとつがガサムである。ガサムは、かつては大潮の干潮になれば誰でも1匹や2匹は見つけることができたものだという。今では餌の匂いで誘引するカニ網を仕掛けても簡単には入らない。マングローブを隅々まで知り尽くした元さんのような人でなければ手にすることのできない幻の幸になってしまっているのだ。

元さんによると、島の人がなかなかガサムを口にできなくなった理由は、マングローブの環境悪化もさることながら、暮らしのありようにも深い関わりがあるという。

「わんが今まで捕ったガサムの中でいちばん大きなのは、両方のハサミを開くと2尺ほどもあったさ。今のガサムはほんとうに小さいね。でも、おることはおるのよ。捕れんのは探しきらんから。今は釣りでもなんでも、人間の暦の都合になっているね。捕りに行ける日や時間も仕事次第。ガサムはそんな人間の都合と関係がない。餌を食べたいと思ったときに出歩いて、眠りたくなれば帰っていく。生き物の暦は潮の動き。わんがガサムを捕ることができるのは、わんの暮らしのほうを自然の暦や天気に合わせているからよ。その代わり、普通の人のように日曜日も有給休暇もないけどや」

大鍋で豪快に茹でて甘い身をいただく

捕ったガサムは1匹ずつプラスチックの籠に入れ水に沈めておく。ひとつの容器に複数のガサムを

住用川河口部のマングローブ全景。

入れるとたちまち殺し合いが始まり、最後は1匹になってしまうからだ。食べ方は豪快だ。大きなものは2kgもあり、調理用具は炊き出しに使うような大鍋である。水を張ってガサムを入れ、そのまま火にかけ蓋をする。はじめは静かだが、温度が上がるにつれて鍋底を引っ掻いて暴れ出す。中途半端なサイズの鍋だと強い力で内側から蓋を押し上げてしまうので注意が必要だ。生殺しのようで残酷だが、沸騰したお湯にいきなり入れるとショックで脚やハサミがばらばらになってしまうのだ。体に厚みがあるので、茹であがるまでには動きが止まってからさらに20分ほどかかる。

甲羅の硬さは、ズワイガニや毛ガニの比ではない。ハサミなどはまるで石のよう。出刃包丁では刃が欠けてしまうので、食べるときに鉈《なた》で叩き割る。リュウキュウマツの丸太の上で、元さんが中華包

ガサムの調理方法

1

ガサムはタワシで泥をきれいに洗い落とし、大きな鍋で水から茹でる。塩は体から出るので入れる必要がない。蓋をして、中から押し返す力が強ければ重石を載せる。沸騰したら火を弱め20分ほど茹でる。

2

甲羅を手で外し、身と脚は鉈で勢いよく割る。

3

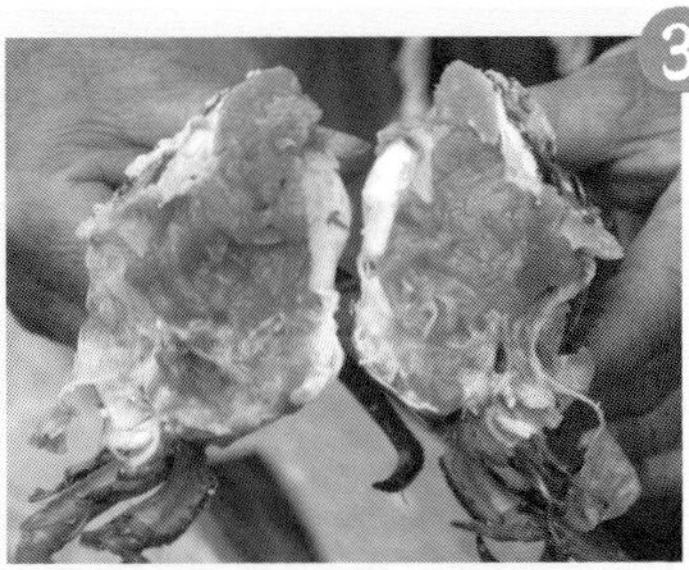

卵は濃厚で上等な練りウニのよう。身も甘い。ハサミの中の身は量もたっぷりで、味はさらにすばらしい。

丁よろしく鉈を振り下ろすと、勢いよく断たれた胴の中に鮮やかな橙色の内子《うちこ》（卵）が見えた。

「オスのガサムも身が詰まっていて甘くておいしいけれど、卵を持った時期のメスのガサムがいちばん味がいいね。昔は、わんが大潮の日にマングローブから捕ってくると、弟や妹たちが奪い合うようにして食べてたやあ」

むっちりとした白い身をほおばり、元さんは子供のような笑顔を見せた。

島の人はみな、味のよいガサムが大好きだが、前述のように川の近くに暮らす人であっても見つけることが難しくなってきた。そこで、どうしても食べたい人は元さんに頼みにやって来る。ガサムは他の生息地では今や1kg5000円ほどもする高級食材である。興味深いのは、元さんたちのやり取りの中には金銭の授受がないことだ。ガサムに支払われる対価はほとんどがコメや洗剤、あるいはビールといった生活用品である。つまり交換経済だ。さらに興味深いことは、その場で交換されるわけではなく、事前に、あるいは後日あらためて持ってくる形であることだ。交換経済というよりも贈与経済に近い。

贈与経済は「情の経済」とか「貧者のリスク回避システム」と呼ばれることもある原始的な財のやりとりである。行き交う物の価値や交換性を計ることは難しいものの、人間関係の結びつきを、ある種の財としてストックしておける利点がある。精神的な貸し借りのようなものだ。等価性を絶対視し、物から行為まで、あらゆるものの価値評価を貨幣に委ねている都会ではありえない暮らしが、この島には今もまだ息づいている。

〔2007年取材〕

ハブ捕り

神として畏怖された毒蛇

奄美・沖縄諸島に生息する毒蛇のハブは、血清と予防ワクチン※が普及する1960年代半ばまで、咬まれれば死をも覚悟しなければならない恐ろしい存在だった。ハブは島の人々にとって神にも近い畏怖の対象で、昔話などにもしばしば登場する。

ハブの牙から分泌される毒液は唾液が毒化したもので、一種の消化液だそうだ。咬まれて毒液が注入されると、強力なたんぱく質分解酵素が働き、咬まれた動物の血管や筋肉はたちまち溶けて壊死《えし》する。ひと咬み分でマウス4000匹をも殺す力があるという猛毒。人が咬まれると、皮下に吹き出した血で患部が紫色に腫れあがり、地獄の責めもかくやという激痛が神経を走るという。

壊死の範囲は手当てが遅れるほど広がり、心臓にもショックを与える。対応までの時間が長引けば、壊死した部分から細菌が侵入して感染症を誘発する。運よく命が助かっても、患部周辺は関節組織の萎縮やケロイドによって変形し、運動機能を失う。感染症による腐敗が骨まで達した場合は、手足を切断しなければならないことも多かった。

ハブ。奄美から沖縄に生息。近縁種にトカラハブ、サキシマハブ、ヒメハブがいる。

幕末に奄美へ流された薩摩藩士の名越左源太は『南島雑話』の中で、地面に座り込んだ男が、苦渋に満ちた表情で自分の足にマサカリを振り下ろそうとしている光景を描き残している。図の横には「ハブに打たれ」という説明書きがある。ハブの咬傷で左足を失った農夫が不自由な体で鍬を振るう図もある。

奄美では、ハブに咬まれることを、今もこの時代のように「打たれる」という。攻撃態勢に入ったハブは鎌首をS字状に曲げて敵や獲物に勢いよく飛びかかる。このとき口を大きく開けて長い牙を前へ突き出す。毒牙を打ち込むと、バネ仕掛けのように素早く体を戻して第2打の態勢に入る。ボクシングでいうヒット&アウェイである。ハブに咬まれると、一瞬、鞭や棒で強く叩かれたような衝撃を受けるので「打たれる」と表現されるそうだ。

奄美の人たちは、ハブに打たれないよう昔から藪や森の中へ不用意に入ることを避けてきた。子供たちも、草深い場所や隙間の多い石垣の近くで鬼ごっこをしたり、暗い時間まで野外で遊ぶことを戒められて育った。村の辻々には、ハブが出たときに打ちすえるための用心棒が置かれていた。

こんな話もある。それは本土から奄美にやって来た人のエピソードで、そう古い話でもない。功成り名を遂げたその人が、奄美の自然を大いに気に入り、見晴らしのいい山に別荘を建てた。背後は深く静かな照葉樹の森。眼下にはまばゆいばかりに輝く海と名瀬の町並みが見える。しかし、天下人のような気分を味わえたのはわずかの間だった。台所の食料を狙ってネズミが棲みつくようになり、間もなくそのネズミを追ってハブが家の中に入り込むようになったのである。昔の奄美では、夜、就寝中にハブに打たれる人も少なくなかった。ネズミを狩ることに夢中になっているハブにとって、人の存在など意識にはないのである。寝ている腹の上をハブが這って行ったという話もある。森の高台の優雅な別荘は、かくして恐怖の館に変わった。所有者はほうほうの体《てい》で引き払ったという。

同情よりも、むしろ笑い話のトーンでこの話が地元で伝えられているのは、森はハブの領域であって人が侵すべきではないという感覚がどこかにあるからだろう。生きた化石と呼ばれるアマミノクロウサギや、同じく奄美固有種のアマミトゲネズミが生き残ってきたのも、猛毒のハブの存在が防塁となり、人が森へ安易に踏み込むことを防いでいた、つまり過度な森林開発を防ぐ力として働いてきたためといってもよい。

撲滅のための買い上げ制度と強壮剤需要

とはいえ、ハブと共存することは容易ではない。奄美では、ハブは幕末期から駆除が奨励されており、たとえば慶応2年（1866）にはハブを1匹捕まえるごとに玄米1升、ハブの卵1個につき玄

照葉樹とヒカゲヘゴの森は昼でも暗い。夜には野生動物の領域になる。

尾を水に浸けてじっとしているヒメハブ。沢のあちこちで同じ光景が見られた。

米3合の報奨が出ている。地域によっては、ハブをイッショウガマチと呼んだ。イッショウは一升、カマチは鎌首のことで、ハブの頭ひとつが米1升で交換できた当時の相場に由来する。明治に入ると報奨はコメから現金に変わる。平成の現在も、ハブの駆除は行政の仕事として引き継がれており、捕まえたハブを保健所に持って行くとすべて買い上げてもらえる。費用は鹿児島県と地元自治体の負担で、これまで1匹当たり3500円から4000円が支出されていたが、財政への負担が大きいとして、近年は減額されているようだ。

猛毒で知られるハブは、片や漢方の生薬原料でもあり、その粉や焼酎漬けは強壮剤として人気がある。専門の加工業者は800g以上の大物を行政の相場より1000円ほど高い値段で買い取っている。島でマムシと呼ばれ、保健所は買い取りの対象にしていないヒメハブ（別種で運動能力や毒性がハブより低い）も、生きていれば1匹1000円程度で買い取ってもらえる。

こうした奄美・沖縄特有の生き物事情は、世にも珍しい職業を生んだ。「ハブ捕り人」だ。奄美が本土に復帰すると、矢継ぎ早にさまざまな政策が推進された。中でも重視されたのが農業の振興と公衆衛生の充実である。農作業の現場はハブとの接触がとりわけ多い場所だ。咬傷被害を防ぐため、それまで以上に駆除が奨励され、ハブ捕り人の数が増えた。入る場所を互いに調整する必要も出てきて、一時は組合も結成された。上手な人になるとハブだけで相当の稼ぎがあり、捕獲棒1本で子供を大学まで行かせた猛者《もさ》もいたそうである。

保健所へ持って行けば小物でも買い上げてくれるので、奄美では今も小遣い稼ぎのハブ捕りが盛んだ。夏の夜、人気のない山道をうろうろしている車があったらまずハブ捕りと思ってよい。大きなハブを1匹捕って強壮剤を扱う専門店に持ち込めば、本業の水揚げよりも実入りのよいことがある。夜中に郊外を走るタクシー運転手の中には、車のトランクに捕獲棒と獲物を入れる袋や木箱を積んでいる人も少なくない。

このように、車を運転しながらハブを探すアルバイト感覚のハブ捕り人は「流し」と呼ばれる。一方、今もわずかながら、組合時代のような本職のハブ捕り人も存在する。彼らは、流しの人たちのようにたまたま道路へ出てきたハブを捕まえるのではなく、危険極まりない夜の森へ深く分け入り、勘と経験からハブを探し出して捕まえる。まさに虎穴に入らずんば虎児を得ず、の図である。

5年で1000万円貯めたハブ捕り名人

名瀬の中心街に住む川井親雄《かわいちかお》さん（1937年生まれ）も、そんな本職のハブ捕り人だ。生まれは奄美南部の瀬戸内町古仁屋《こにや》。若いときは地場産業だった枕木（シイ）の伐採作業やタクシー運転手な

夕方、ハブを探しに沢へ降りる川井親雄さん。手に持っているのはガスランプとオオウナギを突くヤス。

どさまざまな職を経験。稼いだお金のほとんどはパチンコや夜遊びに注ぎこんだ。根っからの遊び人で勝負事が大好き。奄美より少し遅れて沖縄が本土に復帰すると、復興景気を当て込んで沖縄へ渡り、軍鶏《しゃも》博打で大儲けした。

「奄美へ帰ってからはパチンコで食っておったんじゃが、台がだんだんコンピュータになって簡単に勝てんようになってきたっちょ。クギ読むだけの勝負やったら自信があるけどやあ、自分らの頭は化石みたいなものだから、コンピュータのようなものには勝てん（笑）。それに比べると、ハブ捕りは自然との駆け引きだから人間としての勘がまだ働くわけ。夜の街もいいけど、若いときほどは興味がない。昔みたいに女も寄ってこんようになった（笑）。山に行くのは子供のときから好きじゃったね。山の空気を吸うと、なんというか、気持ちがすうっと軽くなるよ」

川井さんは、ハブ捕りを始めた動機をこう語る。

奄美の森の中には、金になるものがいくらでもあると川井さんは言う。ハブを探して夜の川を歩けば、ウナギ（オオウナギ）やタナガ（テナガエビ）にもよく出会う。

「そういうものも捕ってきてくれという者がおって、山から持って帰ればなんぼでも売れる。ウナギは1kg2500円。タナガは3000円ほどになるよ。旧暦の1日と15日が近ければサカキやシキミも売れる。きれいで形のよい枝を束ねて店へ持って行けば、そこそこの日当になるっちょ。島の人間は信心深いから、神棚や仏壇に必ず山の葉を供える。自分は賭け事から足を洗って山に入り始めてから9年間で1000万円貯めた。稼いだら気が大きくなって、盛り場で人にばらばらとおごって使ってしまったけどやあ。また気持ちを入れ替え、その次は5年で1000万円貯めた。その金も結局、人にいい顔をして全部使ってしまった。全部を貯金しておったら、今ごろ億という金を残してたよ」

川井さんは、今もヤマっ気満々で、ユーモア精神もたっぷりの愛すべき人物だ。

夕方の、このような草むらを歩くときが最も危険だという。「ハブがおってもわからんからね」

狩り場は夜の沢、一晩に40km近く歩くことも

ハブの森にはガスランプの光を頼りに沢伝いに入っていく。つまり夜の沢歩きである。同行したのは初夏のある蒸し暑い日で、場所は奄美を代表

ハブを探しながら沢を上っていく。お目当てのエリアは数km先。捕獲の本番は暗くなってからだ。

往復40km歩くことはざら。谷奥で怪我をして2日がかりで這って帰ったことも。

する森である金作原《きんさくばる》原生林の近く。午後4時ごろにバイクを止めた場所から歩き始め、時おりイノシシが草原に残した獣道《けものみち》を利用しながら、沢にぶつかるまで藪を漕いだ。繁茂するススキで足元がよく見えない。じつはハブ捕りでは、こうした場所とこの時間帯が最も危険だという。

そもそもハブを捕るのになぜ沢へ入るのか。ふたつ

滝が現われた。大きな滝つぼにはたいていオオウナギが棲み、暗くなると浅瀬に出てくるという。

の理由がある。ひとつは歩きやすさだ。沢沿いに上っていく限りは道に迷うことがない。夜の森も気をつけてさえいれば方向を間違うことはないが、ひとたびハブを見つけると狩猟本能にスイッチが入り、位置確認を忘れやすい。水の走り道である沢ならまず迷うことはなく、樹木もないため歩きやすい。

もうひとつの理由はハブの習性だ。ハブは炎天下が苦手で夜餌を探しに出歩く。好物はネズミなどの小型哺乳類や小鳥とされるが、カエルなどの両生類も積極的に狩る。過去には、オオウナギを呑みこんで腹が異常に膨らんだハブが捕えられたこともある。気温が高く蒸し暑い夜は、亜熱帯の生き物であるハブも空気の冷えた川原近くで涼をとるらしい。つまり夏の夜の沢は、ハブの狩り場であり避暑地でもあるのだ。

ひ弱な都会の人間がついてくるということで、この日、川井さんはいちばん歩きやすい沢を選んでくれた。ふだんは夜遅くまでハブを探しながら遡り、眠くなったところで仮眠をする。平らな岩場を探し、リュックを枕にそのままごろ寝だ。2、3時間寝たら同じルートを通って戻る。新たに沢へ出てくるハブもいるので、下りのときも気が抜けない。なだらかな沢だと一晩に往復40km近く歩くこともある。

消費するガスカートリッジの数は一晩でおよそ6本。山仕事用のスパイク付き足袋はすぐ鋲《びょう》先が丸くなり、年に10足近く履き潰す。足指の爪はいつも強い負担がかかっているせいか、厚くなるばかりで伸びないそうだ。滑落して体を強打し、沢を何kmも這って帰ったこともある。しばらく寝込んだが、川井さんは医者には行かない。野生動物のように我慢をしていれば、いつか自然に治るという信念があるのだ。

70歳を過ぎた現在も、山歩きなら30代ぐらいの男には負けないと胸を張る。今まで何人かの若者がハブ捕りを教えてほしいと訪ねてきたが、ノウハウを盗む以前に、川井さんの足について来られなかった。

ハブが減った沢は5年ほど休ませる

入渓地点に戻るのはいつも明け方だ。今回は深夜に帰るショートコースを設定してくれているが、それでも往復7時間はかかるという。血清と予防ワクチンができてから、ハブ咬傷による死亡事故は激減した。自動車が普及し道路もよくなったので、迅速に手当ができるようになったことも大きな理由である。しかし、何時間も歩かなければ道路の取り付きまで戻れない夜の沢でハブに打たれれば、間違いなく生命に関わる。道すがら、川井さんがしてくれた昔話が、そんな不安をさらに増幅する。

「沖縄の復興で材木が売れたとき、小遣い稼ぎに山へ木を伐《き》りに行ったんちょ。弟と、その友だちを連れて。倒した木に環《かん》を打ち込み、綱を結んで引っ張って帰ると、1本でも何百円となった。それでみんな行ったのよ、人の持ち山にでも。弟の友だちというのは100m競争で奄美の記録を持っておったような走りの達者な男よ。その男が山の中でハブに脛《すね》を打たれた。自分はすぐに剃刀《かみそり》でその男の傷口を切って血と一緒に毒を吸い出してやった。そして弟を里へ走らせたっちょ。それから、おーい、おーいと大声で助けを呼んだね。ほかにも木を伐りに来とる者がおったからね。ところが誰も出て来んのよ。盗伐じゃから、それを知られるのが嫌で牛を隠してじーっとしとる。おーい、ハブに打たれた、誰か助けてくれーと何度も叫んだら、ようやくひとり山の中から出てきて、牛の背に乗せて運ぶことができた。男の兄貴が牛に荷車をつけて途中まで迎えにきていたので、なんとか瀬戸内町の病院まで連れて行けた。血清を打ってもらって、幸い命に別状はなかったけれど、その男はもう二度と走ることができなくなった。

自分も酷《ひど》い目に遭ったよ。毒を吸い出したあと、すぐ水で口をゆすいだのだけど、どうやら毒が銀歯の隙間に入った。歯が溶けてぼろぼろに崩れてきたっちょ。それからはほかの歯もぐらぐらになって、気持ちが悪いので全部自分で引き抜いた。虫歯がなければハブの毒を吸い出しても口の中は大丈夫というけれど、そんなことはない。ハブの毒は歯もだめにするほど強いよ」

ハブ捕りのシーズンは4月から10月だ。まず最初に出て来るのは、マムシと呼ばれるヒメハブである。小型でプロポーションはハブとずいぶん違う。どちらかといえば本州のマムシに近い。毒もハブ

交尾中のハナサキガエル。カエルの交尾時期にはヒメハブも続々と集まる。

よりは弱い。川井さんは二度咬まれているが、どちらも病院へは行かず、すぐに剃刀で咬まれたところを切って毒を血ごと吸い出し、自宅でじっとしていた。マムシは1匹当たりの値段がハブの4〜5分の1だが、時期によっては同じ場所に集まるため確実に数を捕ることができる。いわば積立貯金のような存在だ。

「ハブは当たり外れが大きいけど、マムシを捕るのは簡単。その気になれば、自分はその沢のマムシを全滅させることもできる。マムシは沢に2回集まるのよ。最初は春で、イシカワガエルやハナサキガエルの交尾の時期。ハブはどちらかといえばネズミのほうが好物だけど、マムシはカエルがいちばんっちょ。メスがおったらオスも寄ってくる。ハブも交尾の時期はオスメス同じ場所に集まるけど、交尾が終われば1匹になる。マムシは交尾の時期以外も、わりとオスメスが近いところにたむろしているね。

気温が高くなったら、マムシは暑いのが大の苦手だから、今度は川に体を冷やしに集まる。それが今の時期。石の窪みの腐ったような水の中や、沢のしぶきのかかる石の上でじっとしてる。その時期になればそこらじゅうマムシだらけよ。マムシは動きがハブよりのろいから、捕るのは簡単。1000円札拾う感じっちょ（笑）。ああここにもあった、あそこにも落ちとるという感じで。一晩で50匹から60匹捕ったことは何度もある。それにハブやタナガ（テナガエビ）を加えれば、7万〜8

火バサミでヒメハブ（マムシ）を捕らえた川井さん。

万円の稼ぎになるわけよ」

ほぼ固定相場で、捕っただけお金になるのがハブ捕りの魅力だが、川井さんは無制限に捕っているわけではない。一度よい思いをした沢には続けて行きたくなるものだが、捕れる数が減ってきたと感じたら場所を替える。その沢は5年ほど休ませ再びハブが増えるのを待つ。川井さん流の資源管理で、複数の沢をローテーション式に利用している。誰から教わったわけでもないが、焼き畑の休閑《きゅうかん》や連作障害を防止する輪作の考え方にも通じる、自然を持続的に利用する知恵である。

道具は火バサミ1本、首根っこを押さえる

奄美でよく使われているハブの捕獲具は、1mほどの角材にL型の金具がついたものだ。手元のトリガーを引くと金具が狭まるしくみになっている。長さが十分にあり、安全性も高いこの捕獲具を、川井さんは携行に不便だとして使わない。その代わりに持って行くのが、バーベキューなどでおなじみの長さ50cmほどの火バサミである。スチール

製だが安物なので保持力が弱い。川井さんはこれを2枚重ねにして輪ゴムで固定している。短く軽いので腰ベルトに挟んで歩けるし、値段が安いから落としても惜しくないというのが理由だ。

夜風の涼しいその沢は、川井さんが言うようにマムシの巣窟だった。マムシはガスランプの光が当たると鱗が白く反射し、10m先からでもよく見える。場所によっては5mおきぐらいにいて、いずれもじっとしている。ハブと違い、マムシは人が近寄ってもほとんど動かない。川井さんは火バサミで押さえてから、左手で首根っこをつかみ直した。マムシは力が強く身をよじって火バサミから逃れることが多い。このときが最も危険で、川井さんが咬まれたのも二度とも捕獲の後だ。

「ハブほど毒は強くない。だから油断して咬まれてしまうわけ」

同じ沢の中でも、ハブとマムシでは居場所が異なる。捕獲の方法も違う。ハブはマムシのような濡れた場所ではなく、大きな石の間の乾いた砂や枯れ枝の積み重なった場所にいることが多いという。舌をぺろぺろと出し入れし始めたら逃げ出す合図。ヘビの舌は熱センサーだ。このタイミングで追いかけると体を曲げて攻撃態勢をとるので、舌で感知される前にそっと近づき、体が伸びきっているうちに杖か木の枝で頭を押さえる。それから左手に握った火バサミで首根っこをつかんで手で持ち直す。

ハブは瞬発力こそ強いが持久力はなく、頭さえ押さえてしまえばすぐにおとなしくなるが、口を開けたまま牙を動かして咬もうとすることがあるので用心しなければならない。首を押さえる前に攻撃態勢に入ってしまったら、離れた位置から棒で挑発し、3、4回飛びかからせる。するとたちまちスタミナダウンするので、それから押さえる。

捕まえたヒメハブは、ビニールのコメ袋の中へ。

1か所でたくさん捕ると、明らかに数が減りだすという。入る場所をローテーション化して資源が枯渇しないようにしている。

冬でも場所によってはハブが捕れる。気温より水温のほうが高いためか、水の中に入っていることがよくあるそうだ。気づかれて水中の石の間に潜られると探すのがたいへんだが、息が続くのはせいぜい30分ほどで、根気よく待てば水面に顔を出す。

「子分がおったときは、1000円やるからしばらくそこにおれ、自分は先に上へ行くといって、浮いてきたのを捕らせたものよ。1匹売れば5000円になるのだから1000円の小遣いを払っても上等。ハブのおるおらんは、いろんな方法でわかる。慣れれば誰でもわかるのがにおいっちょ。マムシも体から霧のようににおいを出すが、ハブはなお臭い。とくに繁殖期のオスは。その時期にメスが捕れたら、近くには大きなオスがおることがある。人間でもなんでも、女をものにできるのは力の強い男だからやあ（笑）。鳥のメジロが知らせてくれることもあるよ。そういうときのハブはたいてい木の上にいるやあ。メジロはハブが近寄るとチチチチチッって鳴いて仲間に知らせるわけ」

獲物を入れて運ぶ容器は、なんとコメ袋だ。5kg用の厚手のビニール袋である。ハブの牙が突き破るのではないかと心配になるが、狭い袋の中では長い牙を思うように使うことができないそうだ。運動能力の高いハブの場合は、用心のため1袋に1匹ずつ。動きの鈍いマムシは1袋に15匹ぐらいまとめて入れても大丈夫だという。袋はリュックサックの中に入れているが、運搬中に背中の熱で温度が上がりすぎないよう、ときどき袋に外気を当ててクールダウンする。この日、ハブは空振りだったものの、川井さんは私たちの目の前で11匹のマムシを捕まえ、次々とコメ袋へ落とし込んだ。

中本英一さん。復帰直後の奄美を旅し、そのまま定住。ハブが商売になることに気づき、買い取り業務を思いつく。

島にハブ産業を興した立役者

かつて奄美観光の定番コースといえば、ハブとマングースの対決ショーだった。猛毒のハブと、原産国では毒蛇さえも餌食にするという肉食の小型獣・マングースとの息詰まる闘い……。今から40年以上前、このイベントを考案したのが奄美観光ハブセンターの中本英一さん（1931年生まれ）だ。中本さんは、奄美で最も有名なIターン者である。国税庁が長者番付を発表していたころは島の高額納税者の常連だった。事業の中心はハブ加工品の販売である。対決ショーが終わると、それを見にきた観光客は中本さんオリジナルのハブ酒やハブ粉、ハブ肝などの健康食品を買って帰る。はじめは興味半分だが、霊験あらたかだったのか、あるいはもう少し試してみたいという切実な思いからか、少なくない数の人がリピーターになる。現在、全国におよそ3万人の通販会員がいるそうだ。

もともとは和歌山県の人である。実家が真言宗の熱心な門徒だった縁で若くして仏門に入った。その後、人生の迷いから巡礼の旅を志し、南に針路をとり続けるうちに鹿児島までたどり着いた。そこで魚屋や鮨屋の仕事を手伝いながら鮨を握る技術を身につける。そんなとき奄美群島が本土へ復帰したことを知り、鹿児島から名瀬行きの船にふらりと乗った。ポケットに入っていたお金は50円。船の中ではコッペパンで空腹をしのいだ。今でいう若者の貧乏旅行である。アルバイトで食いつなぎ、島が気に入ったらお金を貯めて鮨屋でも開こうと考えていた。ところが、島に着いた初日に泊まった名瀬の商人宿で、中本青年は衝撃的な光景に出くわす。

「相部屋なら格安にしてくれるということで泊まったのですが、安い理由がすぐにわかりました。同室者がハブに打たれた人だったんですよ。徳之島でやられ、名瀬の病院まで運び込まれてきた。けれど病室がいっぱいで、商人宿で待機させられていたんですね。ハブに打たれた足はどす黒く腫れていて、夜通し苦しそうに唸っている。まさに七転八倒。そんな人が横にいたらとても寝られるものではありませんよ。それが私とハブの最初の出会いでした」

ハブとはいかなる生き物なのか。人をそこまで苦しませるハブ毒とはどんな物質なのか。中本青年はハブという毒蛇に興味をかきたてられていく。島の人の中には、ハブに打たれることもその人の運命だと考える人も多かった。ハブはすでに忌み嫌いの対象からも超越しており、より大きな災難の到来を告げる予兆として存在自体が半ば神格化されていた。もし自分がハブに打たれることがあったとしても、そのときは不運だったとあきらめるしかないというような空気が、当時の奄美にはまだ残っていた。

しかし、実際の咬傷事故は生々しく、凄惨の一言に尽きた。島では地域ごとにハブ退治が行なわれている。行政は買い上げ制度によって捕獲のモチベーションを底上げしているが、ハブによる深刻な被害を見聞きするたび、中本青年はもっと積極的に駆除を展開できないものかと思っていた。

存在を畏れる一方で、島の人たちは昔からハブを薬として珍重してきたことも知った。体調を崩したときには、皮をむいたハブの身を汁にして飲む習慣がある。体が温まり精がつくというのだ。黒焼きしたハブを粉にしたものや、生きたまま焼酎に漬けこんだハブ酒も強壮剤として昔から根強い人気があることがわかった。

ハブを手に持つ若き日の中本さん。

島に来て数か月して、中本青年は観光客に貝などを売る小さな土産物店を開いた。試みとして島伝統のハブの黒焼きやハブ酒を分けてもらって並べてみると「毒蛇」や「強壮」という言葉に興味津々の中年客が次々に買っていく。次第に仕入れるだけでは量が間に合わなくなってきた。

そこで閃《ひらめ》いたのがハブの集荷と加工だ。島の人からハブを買い集め、自分でハブ粉やハブ酒を作れば、駆除の促進と同時に新しい産業を興すことができるのではないか。「ハブ買います」という看板

生きたまま焼酎に浸けたハブ酒は奄美の定番土産。

肉や内臓は強壮剤に。皮は財布やベルトになる。最近は牙の携帯電話ストラップが人気。

を店に掲げてみると、島の男たちが1匹、2匹とハブを持ち込むようになった。中本さんはそれをせっせとさばいて黒焼きにし、焼酎に漬けた。当時の奄美は日本の最南端だったので、観光客はどんどんやって来る。いかにも南国文化の香りがするハブ製品は、奄美らしい土産として飛ぶように売れた。

中本さんは、一定サイズ以上のハブは保健所の金額よりも高めに買い上げるようにした。支払いも、保健所は翌月払いだが即金にしてきた。人生後半の暮らしをハブ捕りで立ててきた川井親雄さんも、持ち込めばすぐお金になるのがありがたいという。店の買い上げ対象は800gからなので、それ以下のものはあらためて保健所へ持って行く。

ハブ捕りは、本気でやろうとすればかなり過酷な仕事だ。昼夜逆転の暮らしになるし、命がけである。ハブが捕れなければお金はまったく入ってこない。だから、プロのハブ捕り人と、夜、車で道路を流して歩く程度の小遣い稼ぎのハブ捕り人とでは、心構えから気迫まで違う。ハブ捕りというなりわいを島に定着させた中本さんは言う。

「今、付き合いのあるハブ捕りさんは40人ほど。そのうちでプロといえるのは12、13人でしょう。川井さんのように谷伝いに山奥まで入る人は4～5人。一生懸命にハブを探しても、大きなハブをある程度コンスタントに捕れなければ、それは小遣い稼ぎと一緒です。ハブのことならなんでも知っているというような名人は少なくなりましたね。今はハブのことなら私のほうが詳しいので、よく電話がかかってきますよ。今晩ハブ捕りに行こうと思うがどこに入れば見つかるだろうかと（笑）。ええ、教えます。ハブが出る場所は気温や風向きで変わるので、あそこへ行ってみなさい、たぶん捕れるから、と（笑）」

中本さんによれば、最もよい条件は気温が26℃のとき。南西のそよ風が吹く闇夜で、小糠雨《こぬかあめ》のような空模様ならなおよいという。獣に決まった通り道があるように、ハブにもよく使う道があり、慣れると独特の生臭さでわかるそうである。

「天気に左右されますから、ハブ捕りに出られるのは多い月でも10日ほど。よく捕る人で一晩に3万円。単純計算すれば月30万円ですが、気温が下がる冬はハブも出てこなくなるので捕れません」

当たり外れが大きな点ではギャンブルにも似ている。元来が鉄火肌で、自然の中を歩くことも好きな川井さんのような人にこそ、ハブ捕りは天職のような仕事なのだろう。

駆除と共存のはざまで

捕獲圧をかけ続けることが、ハブ咬傷による悲劇を減らす道。その役割を民間人が独立独歩の事業として継続していくには、販路を安定させなければならない。そこで中本さんが1970年に開設したのが、現在の奄美観光ハブセンターだ。生きたハブを実際に見てもらうことで、観光客にハブという生き物のことを知ってもらう。26時間にも及ぶ交尾や、複数あるオスのペニスの話。毒の特徴。咬傷被害の悲惨な事例。被害にあわないための方法などを、豊富な展示物を使いながら硬軟交えて解説する。見学の最後に、島の人たちから買い上げたハブで作った強壮剤や革製品を買ってもらうことで、駆除を産業に結びつけるわけだ。中本さんの行なってきた事業は〝きわもの〟とみなされることもあるが、自然資源と地域が抱える課題を、産業化という手法で一挙両得式に解決する、今でいう6次産業化の先駆けといえなくもない。

そのシステムの最大の目玉が、ハブとマングースの闘いを見せるショーである。マングースは、原産地のインドや東南アジアでは、コブラも倒す小獣として知られてきた。これを放てばハブやネズミの害を防ぐことができるはずだという期待から、1910年にまず

奄美の名所として親しまれてきた奄美観光ハブセンター。

近くにはハブ料理を食べさせてくれる店もある。ハブの肉は意外とあっさりしていて、鶏肉のよう。

ハブ対マングースのショー。勝率はマングースが95%でハブが5%程度だとか。

ひと咬みでマウス4000匹を殺すというハブの毒。ショーの際に採取された毒は凍結乾燥され、公的機関の血清作りに役立てられる。

沖縄に導入され、奄美へは1979年ごろに放された。中本さんの企画した対決ショーも、当時の最新駆除技術をわかりやすく解説するためのもので、動物学者が長年お墨付きを与えてきた生き物どうしの関係性を前提にしていた。

檻の中の仕切りを外すとハブとマングースはたちまち緊張状態に入り、電光石火の勢いで闘争に入る。ほとんどはマングースが勝ち、勝率は95%にもなるという。対決ショーは、マングースがいかにハブに対して強いか、つまり駆除効果が高いかを示すデモンストレーションにもなってきたわけだが、のちに、その現実はかなり違っていることがわかってきた。同じ猛毒のヘビでも、コブラが主に昼行性なのに対しハブは完全な夜行性だ。寝ているところを引っ張り出され、狭い空間に閉じ込められ「さあ闘え」とけしかけられても、本来の闘い方を発揮できない。一方のマングースの活動時間はもっぱら薄暮時である。どちらがほんとうは強いかということはさておき、自然下では両者が相まみえ、食うか食われるかの死闘を繰り広げることはないのだ。つまりマングースの導入はハブ対策としてほとんど効果がなかったことが明らかになったのである。

それどころか、あらゆる在来の小動物を食べ、アマミノクロウサギやアマミトゲズミ、ルリカケスなど奄美の固有種も襲っている事実が明らかになってきた。沖縄でも特別天然記念物のヤンバルクイナなどが危機にさらされている。行政はあわただしく動きだし、奄美では１９９３年からマングースの駆除事業に乗り出した。２００５年には特定外来生物に指定され、奄美観光ハブセンターのマングースも、環境省の特別飼育許可のもとで1頭ずつ厳重に管理されている。

川井さんが捕ってきたヒメハブが持ち込まれていた。本州にある健康酒会社の研究所へ生きたまま送られるという。

さまざまなトライ&エラーはありつつも、官民挙げてのハブ駆除はひとまず功を奏し、咬傷者数は年々減っている。１９６５年から79年まで、奄美大島と徳之島を合わせて年間２００〜３００件の咬傷事故が起きているが、80年代は１００件台。95年以降は１００件を割るようになった。死亡率も下がり、近年はほぼゼロに近い数字である。

被害が減っている背景はほかにもある。ハブの巣穴になっていた集落の石垣が隙間のないブロック塀に変わったことや、藪と化して見通しの悪くなっていた遊休地が大規模な土地改良事業により減少したこと。草刈りや収穫などの農作業が機械化し、ハブとの接触機会そのものが減ったことも理由だ。プロのハブ捕り人たちが山の奥へ奥へと獲物を探しに入るのは、住居や耕作地の周辺にはハブが少ないためだ。

中本さんにはひとつ気がかりなことがある。山の奥で捕獲されてくるハブが次第に小型化してきていることである。メスの産卵数は体の大きさに比例する。小さなハブばかりになったということは、個体数が確実に減少へ向かっていることを意味する。にもかかわらず、買い上げに持ち込まれる年間のハブの匹数そのものは安定しており、鹿児島県管内（奄美地区・徳之島地区）の保健所と民間業者を合わせ、ここ何年も2万〜3万匹台を維持しているのだ。

「島民の安全のためには、捕獲の手を緩めるべきではありません。しかしハブは、奄美の食物連鎖の頂点に立つ生き物でもあります。自然界では重要な役割を担っていることを考えると、これからは駆除一辺倒の考えではいけない気がします。今思うと、昔の人のハブへの畏れには共存や棲み分けの思想もあったと思います」

熱血の思いでハブの駆除に取り組んできた青年は、齢を重ねた今、ハブという毒蛇にとって最もよき理解者となった。

〔2007年取材〕

※ハブ咬傷の予防ワクチン（ハブトキソイド）は、その後、製造していた研究所が閉鎖されたため、現在接種は行なわれていない。

タコ捕り

磯の岩穴「コモリ」に大ダコが潜む

かつて奄美の磯は、色とりどりのサンゴに取り巻かれた美しいリーフだった。たとえば島北部の笠《かさ》利《り》町にある、あやまる岬。空港にほど近いこのあたりの海域は、大潮の干潮になるとサンゴの作った浅い棚が広範囲に露出し、海岸線ははるか沖まで後退する。複雑な襞《ひだ》を持つサンゴの浅い磯は、河口に発達した砂泥の干潟に匹敵する生物生産力を持っており、太古から島に住む人たちに幸を恵み続けてきた。

潮の引いた海辺へ出て魚介類を捕ることを、奄美の言葉で「いさり」という。漢字で書けば漁、いさり火のいさりである。奄美に来ると、本土ではとっくに消えてしまったこのような古い響きの言葉を耳にすることがある。たとえば歌の達者な人は歌者。イノシシを捕ることに長けた人は狩り者《かじゃ》である。現在の日本では、シンガー、ハンターなどとなんでもカタカナに言い換えられてしまうが、この島では、平安言葉のような雅な言い回しが今も暮らしの中に生き続けている。

笠利町在住の森為秀《もりためひで》さん（1938年生まれ）の楽しみは、磯での昼いざりである。お目当てはもっぱらタコ。森さんは子供のころから海に潜り、サンゴの穴に潜むタコを捕ってきた。仕事は漁師

大潮で露出した磯を歩く親子。「いさり」は本州でいう潮干狩りや小磯遊び。奄美では、行楽というより暮らしの一部だ。

森為秀さん。海を目の前に育ち、子供のころから現在まで、同じ場所で楽しみとしてタコを捕り続ける。

ではない。建設会社に勤め、平日は工事現場で働いている。山村の人たちが仕事の合間に鉄砲を手にイノシシを追うように、森さんは仕事が休みの日曜日、水中眼鏡と手カギを持って磯へ出て、タコに一勝負挑むのが何よりの楽しみなのだ。

　元気で明るい奥さんとの間には子供がふたりいる。娘は嫁に行ったが、森さんが捕ってくるタコの味は近所でも好評らしく、ちょくちょく実家へ顔を出す。鹿児島の焼酎会社で技術者をしていた息子は、帰ってきて島の焼酎会社の杜氏《とじ》をしている。森さん同様にいさりや釣りが好きで、一緒に海に潜って追い込み漁もする。孫にも恵まれ家の中は賑やか。森さんは痛風を患ってから酒を断ち、以来、野菜と魚介中心の規則正しい食生活を送っている。海に潜り続けていることもあって、体は10年前より健康だという。

潮の引いたサンゴの磯に残る浅い内湖がイノー。冬はこの中にタコがいる。

　森さんの家から海までは歩いて5分。サンゴ砂の浜の先はイノーと呼ばれるサンゴ礁の潮だまりで、その外縁で白く波の砕けている場所が干潮時の海岸線だ。季節にもよるが、タコはこのイノーの全域にいる。

「タコは年中捕れるよ。冬は膝ぐらいの浅いイノーの中にもいるよ。夏は水温が上がるので、少し沖の潮通しのいいところへ移動するや。外海に近いほうが涼しいので気持ちがいいわけ。水深

近年は激減したというが、浅い磯のところどころに、サンゴが生きている。

が10mぐらいの深場にもいるけど、タコを引っ張り出すには少し深すぎる。シュノーケルをくわえて潜っても、息が続くのはせいぜい3～4m。若いときのようには潜れんくなった。

タコ捕りの面白いところは、潜れる深さにはあまり関係がないところ。まだイノーの浅いところにもいる春先は、女の人でも大きなタコを捕ってくるよ。この間は家内が3kgのタコをふたつ、重い、重いと言いながらうれしそうに担いで帰ってきた（笑）。小ぶりなスイカほどの頭のやつが、すぐ足元の隣り合わせのふたつのコモリ（穴）に仲良く入っておったと」

手がかりは白い石とカニの甲羅と小石

潜り続けて半世紀。子供のころから勝手知ったる磯なので、見える範囲の海底の地形は全部頭の中に入っている。タコには好きなコモリがあるらしく、よく入るコモリはたいてい決まっているという。穴の大きさなのか。それとも深さや角度なのか。あるいは流れに対する向きなのか。選択理由はよくわからないが、よいコモリには、次の大潮になればまた新しいタコが入居しており、空き家になることがないそうである。その話を聞いて、娘が嫁に行くときに秘蔵のタコ穴の場所を母親が譲るという、かつて山形県の飛島にあったとされる風習を思い出した。

森さんは、そんな優良なコモリを100穴ほど知っている。大半は小学生のときから知っている穴で、頭の中の地図にマーキングされたそれらの実績のある場所を、ウエットスーツとシュノーケルで遊弋《ゆうよく》しながら探って歩くのだ。

子供のころの濃密な自然体験は、今はどこでも昔語りの世界だ。奄美のタコ捕りの場合、それが郷愁でなく、70歳を過ぎた現在も同じ場所で同じ興奮が味わえるというのが驚きであり、新鮮でもある。こうした遊びをアウトドアやレジャーと呼び、車を使って遠くまで追いかけていかなければならない都会の休日は、じつはそれほど幸福な時間ではないことを教えられる。雇用や賃金水準などの経済的な面でも、教育やインフラ、公共サービスの面でも不利といわれる島嶼部《とうしょぶ》だが、自然とともに生きようと腹をくくれば、日々を幸福に暮らすための素材や工夫はいくらでもあるのである。

「でも、サンゴはずいぶん少なくなりましたし、タコの数も昔に比べれば3分の1です。昔は1回海に出れば10匹は捕れましたが、今はよくて2、3匹。まあ、1~2kgのものが1匹でも捕れれば、家族みんなで食べるには十分ですが」

森さんは、コモリにタコが入っているかどうかを見つける秘訣は3つあるという。ひとつは周辺の石（サンゴの破片）だ。その石だけが周囲と比べて白ければ、タコが好物のカニを探すためにひっくり返した証拠。日の当たらない石の裏側は藻類が生えないので、色が明らかに異なるのだ。

「石は水の中ではそれほど重くないから、けっこう大きな石までひっくり返しているよ。8本の足を使って器用に動かすね」

こんな状況が近くで見られるコモリには、タコが入っている可能性が高い。ふたつ目のサインはカ

タコが好物のカニを探すためにひっくり返した石（サンゴの破片）。

中央の横長の穴にタコが入っている。小石も散在していた。

ニの甲羅や貝殻だ。タコは捕まえた獲物を自分の縄張りでゆっくり味わうらしく、コモリの周囲には食べ終えた残骸が散らばっている。これも白く見える。３つめの見るべきポイントは、入り口の小石の存在である。

「タコのいちばんの天敵はウツボ。ウツボに齧《かじ》られそうになったとき、タコはすぐに蓋ができるようにコモリの入り口に小石をいくつも置いていきます」

親から子へ、受け継がれるコモリ

現在、森さんのようにウエットスーツを着て本格的にタコを捕る男衆は、この地区では３人ほどだ。このような本格派が隣り合わせた場合、コースが重ならないよう、互いにそれとなく離れて距離を保つのが不文律だ。これは自分だけのコモリの場所を人に知られないための策でもある。コモリの情報は他人には口外されないので、実績の高いコモリは知らず知らず共有のポイントになっていることもある。

コモリの所有権を主張することはできないが、自分が苦労して見つけた財産だという思いがあるので、娘が嫁に行くとき母親がそっと場所を教えたという飛島のように、森さんも今、息子さんに少しずつ伝えているところだ。

タコを捕るための道具。上がイグン。下がガギ。今はステンレス製だが、ガギは地鉄で作るほうが自由に曲がるので便利。

引き潮で水位が浅くなったとき、タコは遠出をせず必ずコモリの近くにいる。常に外の気配を窺っていて、異変を感じるとあわてて引きこもる。タコがいることを確認したら、まずイグンという1本銛《もり》を突き刺す。弱ったところでガギ（手カギ）をコモリに差し込んで、タコを引っ掛けて引きずり出す。タコは引っ張られまいと、渾身の力を振り絞って足の吸盤を穴の壁に張り付けるので、左手に持ったイグンで何度も突き直し、タコの抵抗が緩んだ瞬間に右手のガギを勢いよく引く。ポイントが深場に移る夏は潜水をしながらの探索と駆け引きになる。4kgもある大ダコになると、ものすごい力でコモリに張り付くので引きはがすのがたいへんだ。

タコの捕り方

1

膝ぐらいの水深のコモリ（穴）にもタコはいる。とくに冬場は浅いところが狙い。探しながら順に沖（深場）へと出て行き、最後は潜る。

2

タコがいるコモリを見つけた。水中眼鏡で確認する。

3

イグンをタコに突き刺し、逃げられないようにする。

4

弱ったらガギを掛けて引きずり出す。

5

約1.5kgの良型のタコ（マダコ）。捕ったらすぐに頭部を裏返しにし、内臓を取って締める。

タコは粗塩でよく揉み、ぬめりを取る。

よく水洗し、塩をひとつまみ入れたお湯で茹でる。

干しダコの夏野菜炒め。茹でてから焼き、天日に干しておいたタコで作る炒め物。濃縮したタコのうまみが食欲を誘う。

タコは脱走の名人で、ちょっとでも入れ物に隙間があると体をねじ入れて逃げてしまう。捕まえたタコはすぐに頭の隙間に指を入れ、皮をひっくり返して内臓を出す。内臓を出せば活け締め状態になるので、網袋に入れて浮かべておいても逃げられる心配はない。

潮が満ちたらタコ捕りは終わり。日曜の午後、あやまる岬近くの国道を黒いウエットスーツのまま歩いている人がいたら、それはたぶん森さんである。〔2007年取材〕

チン釣り

縄文人を魅了した大物釣りの醍醐味

以前、東北のとある縄文遺跡近くの宿で、研究者らと酒を酌み交わす機会があった。縄文時代の遺跡からは大型の釣りバリが多数出土しており、タイやスズキのような魚の骨も見つかっている。ゆえに縄文の漁撈の中心は釣りであったというのが、従来の考古学の常識だった。だが、分析が精密化している近年、こうした見立てを洗い直さなければならない報告が次々と出てきている。遺跡の土を再分析すると、イワシのような小魚の骨や鱗が大量に混じっていることがわかったのだ。おそらくは地引網のような方法で一網打尽にしていたのだろうという。

調べてみると、その遺跡の縄文人の食生活の中では小魚がかなりのウエイトを占めていたことがわかった。イワシの量に比べればタイやスズキのような魚の数は微々たるもので、大物魚というのは縄文当時もそう簡単に釣れるものではなかったことが示唆されるというのだ。

現在の釣り事情と同様、老獪な大物はたやすくハリにかからなかった――にしても、なぜ縄文遺跡からは大型の釣りバリがあれほどたくさん出て来るのか。アルコールの勢いも手伝ってさまざまな考

型のよいチン（クロダイ）を仕留めた元武光さん。手に持っているのは餌掘り用の鍬。

え方が示されたが、研究者が一致して賛成した仮説は、意外かつ単純なものだった。「釣りが面白かったから」では、というのだ。

地引網でイワシを捕っていれば食の安心はほぼ約束されるが、そんな単純な漁では満足できない男たち（おそらくは）がいたのである。縄文時代の労働時間は意外に短く、先住民の調査事例などから推測すると1日3〜4時間ほどだったろうといわれる。現代人よりも多くの可処分時間を持った縄文人たちは、自由なひとときをどのように使ったのだろうか。容器としての機能よりも装飾に力が入った縄文式土器の制作もそのひとつだったろうし、歌や踊りも謳歌したことだろう。先祖の話を口伝えで覚える時間もあったかもしれない。

労働に位置づけられることの多い狩猟も、そうした余暇時間の側に当てはめたほうがよいのかもしれない。なぜなら、狩猟は当たり外れが多すぎ、じつは仕事としてはかなり効率が悪いからである。1匹の大型動物がもたらしてくれる栄養量はかなりのものだが、うまく捕れれば、の話だ。アフリカなどの民族調査の例でも、費やした人数と時間、つまり労働効率で比較すると、狩りよりも植物をコツコツと採集しているほうが割はよいそうだ。

しかし、それでも狩猟が人々を魅了してやまなかったのは、その行為の中にある醍醐味だ。ひと言でいえば、不確実な存在を今、手にできそうだと確信したときに沸きあがる興奮である。狩猟は確率の悪い仕事だが成功したときの対価は大きく、そのぶん周囲から集まる羨望や尊敬のまなざしも強い。狩猟は日々の糧を調達する手段でありながら、射幸心や自己顕示欲を刺激する要素も多分に含む。つまりギャンブルであり自慢だ。

同じような感覚が縄文の釣りにもあったと考えると、効率性をとりまく矛盾は説明できる。そもそも骨や角を石器で削って釣りバリを作るには、1本当たり7〜8時間もかかる。こだわりの釣りバリを携え、丸木舟をいそいそと漕ぎ出す男たちを見送りながら、縄文の女たちは「そんな暇があるのなら、確実にイワシが捕れる目の細かい網をもっと編んでほしい」とぼやきあっていたかもしれない。釣りは生きる技術であるとともに、発生段階から多分に遊びの要素を備えていたという見方は、現代の釣り人心理に照らしても正鵠《せいこく》を射ている。

竿は布袋竹、餌は鍬で掘ったアナジャコ

奄美大島の住用川のほとりで暮らす元武光さんにとって、釣りは子供のころから糧を得る手段のひとつだ。だから、本土から島までわざわざ飛行機で来て、せっかく釣った魚をまた放して帰る最近の

釣り人たちの感覚が、いまひとつわからない。

では、漁撈としての釣りに遊びの要素がないかといえば、釣りはとても面白いと元さんは断言する。娯楽をしているという意識はないものの、魚がかかった瞬間はうれしいし、大物であるほど胸が高鳴る。糸が切られれば地団太踏むほどくやしく、原因を反省して今度こそうまく仕留めてやろうと改善もはかる。

魚との駆け引きに勝った満足感をさらに高めるのが、獲物を持ち帰って知人に分配したときの賞賛と感謝の声だ。魚拓もとらなければ、寸法を測って写真に残すこともない。元さんの心にあるのは、今度もまた大物を釣って帰り、周囲を喜ばせようという気持ちだけである。

元さんの釣り方は「縄文時代の釣りとは、まさにこうだったのではないか」と思えるほど素朴だ。竿は奄美でコサン竹《だけ》と呼ばれる布袋竹《ほていちく》。長さと先細りの加減がほどよく、皮が厚く節の数も多いので張りがある。姿のよいものを冬の間に選んで伐り出し、火であぶって曲がりを直しておく。熱を加えると表皮を覆っているワックス分がとれ、乾燥も早くなる。小屋でひと冬枯らしておいた竹の延べ竿《のざお》は、軽さの割に反発力があり、糸さえ切れなければかなりの大物の引きにも持ちこたえる。

布袋竹は和竿の世界では今も重要な素材で、とくに強さが求められる海釣り用の竿に欠かせない。携帯性を考えた継ぎ竿が登場したとされるのは江戸時代だが、はじめは布袋竹の延べ竿をふたつみっつに切り、簡単に継いだものだったのではないかといわれている。

大潮のある日、元さんに誘われ、一緒に住用川の河口へ釣りに出かけた。大潮が釣りに絶好の潮回りであるというのは全国共通の認識である。干満の差が大きなぶん海水がよく動き、餌となるプラン

潮が引いて露出した川底を三つ又の鍬で耕すように掘る。餌のツムハッキャは、やや泥混じりの砂地にいる。

クトンや底生生物が流れやすくなる。この現象によって魚も活気づけられるというのがひとつの推測だ。元さんが大潮の日を選んで釣りに行くのは、魚の活性が高まることが経験的にわかっているからだが、ほかにもふたつの理由がある。

ひとつは川幅の問題である。満潮のときの住用川の河口は、あまりにも茫洋としていて狙いを絞り込めないのだ。満潮時には広かった川幅も、大潮の干潮になると細い澪《みお》になる。魚はその狭い深みに吸い寄せられたように集まるため遭遇確率が高くなるのである。もうひとつが餌の都合だ。奄美には本土の釣具店のようにゴカイやミミズのような生き餌は売られていない。せいぜい冷凍のオキアミかキビナゴである。魚の反応は生き餌のほうがはるかによい。そこで元さんは自分で餌を捕まえる。

河口の釣りで最も魚の反応がよい餌が、干潟の砂の中に棲むツムハッキャと呼ばれる小型のアナジャコだ。ツムハッキャは岸の駆け上がりのやや深いところにいるため、中潮や小潮の干潮時には採れない。掘るには大潮の干潮でなければならないのだ。

元さんの小屋から釣り場までは自転車で5分ほど。元さんの頭の中には旧暦と連動したタイドグラフ（潮汐《ちょうせき》表）が入っており、前日の潮の様子や月の満ち欠けから、その日の干満の時間がわかっている。つまり月の暦で暮らしているのである。普通の釣り人はとにかく朝早くから竿を出したがるものだが、元さんはいつまでもお茶をすすっている。

ようやく腰を上げたのは昼前だった。ところが、釣りをするというのに竿を担いでいく気配もない。手ぶらの理由はまもなくわかった。川べりに竿を置いてあったのだ。

「こんな竿は今どき誰も盗っていかん。流れ着いた竹ぐらいにしか思わんから（笑）。竹は火を入れると腐りにくくなるので、雨ざらしのままにしておいても1年ぐらいは持つ。家からいちいち持って行かんでもいいわけよ」

ツムハッキャには、赤っぽい色のものと黒っぽい色の２種類あると元さんはいう。

採ったら専用の籠に入れて首から提げる。

使うときは２匹を抱き合わせた尻掛けで。ツムハッキャは、元手不要でなんでも釣れる、便利な万能餌だ。

川岸にはもうひとつ置きっぱなしの道具があった。餌を掘るための三つ又鍬だ。元さんは鍬を手にすると、すっかり低くなった駆け上がりの喫水線を耕すように掘り始める。20㎝ほど掘ると、泥混じりの砂の中から柿色の小さな甲殻類（アナジャコの仲間）が次々に姿を現わした。

「これがツムハッキャよ。河口の魚を釣るときはいちばんの餌だね。キスのような小さな魚からチン（チヌ＝クロダイ）のダイバン（大物）まで、なんでも釣れる魔法の餌よ」

ツムハッキャをひと通り拾うと、元さんは耕した場所から水がじんわりしみ出て来るのを待った。水が溜まったところでその場を足でよくかき混ぜ、代掻《しろか》き後の田んぼのように濁らせる。こうすると泥の中に残っていたツムハッキャの巣穴が潰され、移動しようと上に這い出て来るのだそうだ。こうして1匹ずつつまみ上げ、竹で編んだ餌籠《えさかご》へ補充する。100匹も集めればその日の釣りには十分だという。

簡素な仕掛けでも気難しい魚が釣れる

布袋竹の竿の長さは4mほど。取り付ける仕掛けはごく簡単なものだ。道糸として太さ5号のナイロン糸を3m。ヨリモドシを付け、さらに4号ほどのナイロン糸を2m結ぶ。その先には2〜3号の大きさのチヌバリ。オモリはごく軽い噛みつぶし型だ。ヨリモドシの直下にふたつと、ハリから1・5m上にひとつ。流れの中に入っても糸が吹き上がらず、餌が常に底で漂う程度の重さに調節する。

仕掛けの全長は竿より1m長くしている。餌を流す位置は底なので、ウキは使わない。魚のアタリは糸の動きや細い竿先に伝わる微かな手ごたえでとる。ふかせ釣りや脈釣りと呼ばれる釣り方だ。

干潮の７分目ぐらいから餌を掘り、立ち込んで釣り始める。
潮が引くにつれて前へ出る。

食いのよいときはいきなり竿がひったくられることもある。仕掛けを振り込んだら竿の追いつく範囲まで潮の流れに合わせて送り込み、流しきったらまた打ち返す。ときどき餌を動かして魚を誘ったり、違う場所に打ち込んでみることもする。

狙う魚はとくに決めていない。元さんが釣りをする目的はおかずの調達なので、魚はおいしければどんな種類でもよい。つまり五目釣りである。その中でも比較的よく釣れ、型もよい魚がチンだ。奄美には「山のガラシに海のチン」という言葉がある。ガラシはカラス、チンはチン（クロダイ）のことで、賢い生き物の双璧という意味である。元さんも、チンはなかなか知恵のある魚だと一目置く。どんなに丁寧に餌をハリにつけても、見透かしたようにきれいに盗っていく。腹立たしくもあるが、逆にうまくハリにかけたときは、してやったりという気持ちになると笑う。

クロダイは、本土ではさらに繊細で気難しい魚だとされている。釣りにくさでは筆頭格の魚で、さまざまな釣りを経めぐってきた人が最後にたどりつく「通の釣り」に位置づけられる。彼らを魅了してやまないのは、クロダイの頭のよさと怪力だ。背びれが出るような浅場に姿を見せ、悠々と餌を漁る大胆さがある一方、釣ろうとすると太い糸では警戒してなかなか餌を食べない。食べても上手に掠め取っていく。かといって細い糸に替えれば、ハリにかかってからがひと騒動だ。竿の弾力であやしているつもりが、形勢が逆転して引き回されることも多々。細い糸をかばおうと前のめりになりすぎると、弧を描いて引きに耐えていた竿が、手元から一気にのされる。棒のようにまっすぐになってしまった竿は弾力を失い、細い糸はあっけなく切れてしまう。

だから本土のクロダイ釣りでは、繊細かつ最高品質の釣り具で挑むことが一般的になっている。細い仕掛けでなければ警戒して釣れないというのが常識なので、糸の太さも元さんが使っているものの半分ほどだ。ところが奄美では、山から切り出してきた竹竿と太い糸の組み合わせでもチンは釣れるというのである。今でこそ釣り専用の糸やオモリを使っているが、昔は糸がタコ糸で、オモリもそのへんに落ちている錆びたネジだった。

大潮の干潮前後、次々と大物

クロダイの仲間は日本に5種類おり、奄美にはミナミクロダイとオキナワキチヌの2種類が生息する。元さんのような素朴な道具でも釣れるのは、本土のクロダイと習性が少し違うせいかもしれないし、生息密度が濃く人ずれしていないという見方もあるだろうが、いちばんの理由は、確実に釣れるタイミングを選んで出かけるからだろう。

「下げ（潮）の7分くらいから餌を掘り始めて、引いていく潮に合わせて前へ出ていくのさ。少しでも深いところを狙ったほうがよいから、腰まで水に立ち込んで釣るのよ。最後は川がうんと細くなって魚がみんな集まるので、釣りやすいわけ。チンだけでなくていろんな魚がいるよ」

私は以前、南米のアマゾンへ行ったことがある。時期は雨季の終わりで、アマゾン川の増水で熱帯

アタリは竿先で取る。数投目にひったくるようなアタリが出た。

腰が強い布袋竹の延べ竿は、大物の強烈な引きにもよく耐える。

魚の顔が水面に浮いたら岸にゆっくり引きずり上げる。

大型のオキヂン（ホシミゾイサキ）。河口は魚種が豊富で、おかずの調達に困らない。

雨林は冠水していた。釣り竿も携えて行ったのだが、地元の人に笑われた。増水中は魚がジャングルの中に拡散してしまう。アマゾンでは、釣りは魚が細い水路や内湖に閉じ込められる乾季にするものだというのだ。住用川における伝統的な釣りの考え方は、これとまったく同じなのである。

話をしているうちにアタリが出始め、ほぼ入れ食い状態になった。本土だったら十分立派な大きさである1尺以上のチン。ガーラ（ギンガメアジの若魚）、ヒイラギの仲間ながら、ガーラと見まがう迫力のあるスッタルビラ（セイタカヒイラギ）、白銀色のアマユ（ダイミョウサギ）、チンと似て、やはり大型で引きが強いオキヂン（ホシミゾイサキ）……。潮が引ききると、澪筋の水は淡水だけになって魚は釣れなくなる。その時間帯は海水と川の水がせめぎ合う最河口まで歩き下り、釣りながら潮の変わるのを待つ。

「潮が差し始めると、今度は海から新しい魚が入ってくるよ。立ち込むのは臍《へそ》までと決めて、潮が上がった分だけ後ろへ戻りながら釣れば、うっかり取り残されることはないよ。取り残されても泳いで戻ればいいからや」

一般に、クロダイは水が少し濁っているぐらいのときがよく釣れるといわれる。釣り糸が見えにくくなるということもあるだろうが、濁りそのものにクロダイが反応するようだ。カキや真珠貝の養殖筏では、殻の掃除や出荷のために貝を吊り上げると、その際に出る濁りを待っていたかのようにクロダイが集まる。落下する小動物や小さな貝を食べに来るのだ。海の濁りは、風雨で陸の土が流入したり海底がかきまぜられたときにも発生する。そんなときはミミズが流されてきたり、泥の中の貝が露出するので、クロダイは浮足立つ。

釣り上げた獲物はえらに紐を通しておく。移動のときは腰に結んで下げて歩く。

元さんの釣りのしめくくりも、こうしたクロダイの習性を利用して行なわれる。そして、その日最大のドラマは、たいてい最後の時《じ》合《あ》いにやって来る。

潮の満ち込みに合わせて後ずさりするうち、私たちは最初に餌を

潮が引くと川は浅くなる。深い場所を探しながら下流に向かって釣り歩く。

掘った場所まで戻っていた。それがわかったのは鍬が置いてあったからである。元さんが目配せをしたので、見物することにした。鍬を回収して後ろへ下がること5分。元さんは餌を新しいものに替え、水に沈んだ餌掘り場に仕掛けを振り込んだ。竿先を構え直したときには、もうアタリが出ていた。布袋竹の竿が大きくしなり、しばしのやりとりの末、この日2匹目のチンが砂の上にばたばたと引き上げられた。

「掘ったときに出た細かい泥が潮に乗ってチンを呼ぶわけ。取り残したツムハッキャも寄せ餌になるので、チンがおれば一発で食ってくるよ」

よい時合いにだけ出かけ、条件の悪い日にはわざわざ釣らない。そこには、大自然の法則に寄り添う「釣り」という行為本来の姿があった。

持ち帰った獲物は、まず生で食べる。刺身は、昔も今も島いちばんのごちそうである。元さんの刺身は刺身というよりはぶつ切りで、かなり豪快だ。オキチンなどは皮つきのままで切る。皮は硬いが、こりこりとした食感が心地よく、噛むほどに旨みがにじみ出る。新鮮なものを分厚く切るので、

大潮の下げ７分から下げ止まりまでに仕留めた獲物。食いが立ったときのチンのアタリは明快で、竿先をひったくるよう。

3切れもごちそうになるとあごが疲れるが、いかにも自然の恵みを味わっているという感じがする。頭や中落ちなどのあらは肝とともにみそ汁に入れ、骨のエキスまで無駄なく味わう。

「魚はおいしいから食べ飽きないね。昔は貧乏で、山のものや川のものを捕っておかずにしなければ弟や妹たちを養えなかったけれど、魚のおかずだけを見れば、わんの家はけっこう贅沢な食事をしておったんじゃないかね」

たくさん釣れたときは囲炉裏で焼き枯らし、そのまま吊るしておいた。こうすると腐ることなく保

釣りたてなので、料理の基本は刺身。まな板代わりのリュウキュウマツの切り株の上で手際よく調理。

チン（左）とオキヂンの刺身。オキヂンは皮付きで食べる。

あらの味噌汁。頭や中骨からすばらしいだしが出て美味。

釣った獲物を炭火で焼く。昔は囲炉裏で焼き、余ればそのまま燻乾を続けて保存食にした。

チン（上）とガーラの塩焼き。

存が効く。毎日、シイやカシの木の煙にいぶされるうちに風味が増し、魚は燻製状態になる。炙《あぶ》りなおしてからちぎって食べると、えもいえぬ旨みがあったという。

「今の小屋は囲炉裏がないけれど、いずれ作って魚も吊るしたいね。あの味は今も忘れられないよ」

最近はもっぱら炭火焼だ。大物はバーベキュー用のグリルで豪快に丸ごと焼く。匂いをかぎつけるのか、そんな日に限って友達がわいわい小屋に遊びに来て、獲物はきれいに胃袋へ収まってしまうのである。

〔2007年取材〕

垣《かき》漁《りょう》

奄美には「垣」と呼ばれる古い漁の痕跡がいくつか残っている。浜沿いにサンゴのかけらや石を積んで築いた弓型の囲いだ。長さは数百m。ふだんは水没しているが、大潮の干潮時に干上がる。石囲いが網の役目をはたし、魚やイカが中に閉じ込められるしくみだ。

一般的には「石干見《いしひみ》」と呼ばれる。南太平洋から東南アジアにかけて広範囲に見られた漁法で、潮汐を利用した原始的なものであることから「漁具の生ける化石」とも呼ばれる。

奄美で垣漁が行なわれた最後は昭和40年代後半。写真は昭和47年6月に加計呂麻（かけろま）島・木慈（きじ）（瀬戸内町）で行なわれた垣漁（奄美群島日本復帰40周年記念写真集『満天の星のごとく…』より）。

石やサンゴのかけらを運んで築いた垣。隙間は魚が抜けられないぐらいの密度にしておく。本土のウナギ漁の「石倉」（いしぐろ）や、東京湾の「すだて漁」なども同じ原理である。

奄美では波が静かな龍郷《たつごう》湾を中心に、最盛期は30基近い垣があった。1970年代以降途絶えていたが、近年、復活の動きがある。笠利町前肥田《まえひだ》の浜にある垣は、高国義《たかくによし》さん夫妻が、前の所有者から権利を譲り受けて築き直したもの。昔ほどではないが、家族で食べるには十分な獲物が入るという。〔2008年取材〕

1

こちらは龍郷町で復元された垣の例。大潮の満潮時。

2

潮が引いていくと堰状の垣がだんだん姿を現わす。

3

大潮の干潮時には垣の内側が底まで干上がる。

潮が引いたら垣の内側に取り残された魚を網ですくう。魚は昔より減り大物も捕れなくなったが、楽しさは同じ。かつては内側に溝を掘った。こうすると潮が下がり始めても魚が出ていきにくく、最後に溝へ取り残される。

●ウナギ釣り

長さ2m、重さ20kgの大怪魚

奄美には、本土の常識では考えられないような生き物が棲む。そのひとつがオオウナギだ。最大で長さ2m。重さは20kgにも達する。ウナギ属の魚は世界中に18種類いるが、共通するのは暖流がぶつかる沿岸域に分布していることである。日本列島にはニホンウナギ（*anguilla japonica*）とオオウナギ（*anguilla marmorata*）の2種が生息する。蒲焼きでおなじみのニホンウナギの生まれ故郷は、千km以上も南に離れたマリアナ諸島西方だ。

詳しい産卵場所については長年謎だったが、近年の研究で西マリアナ海嶺南部の深い場所であることが明らかになった。産卵は月の周期に連動し、新月《しんげつ》回りであることも突き止められた。孵化した仔魚は太平洋の海流にリレーされる形で黒潮に乗り、日本列島の河口までたどり着く。そこで採捕されたものが養殖種苗のシラスウナギであるというのは誰もが知る話だ。

オオウナギも同じようなライフサイクルを持つ。ニホンウナギが南北方向に海と川とを行き来するのに対し、オオウナギは赤道を中心にもっぱら東西に移動するらしい。ゆえに南北に長い日本では生

1.2m、4kg級のオオウナギ。体全体に不規則な斑紋があり、本土では胡麻うなぎの別名もある。

息域が限られるが、オオウナギはウナギの仲間の中では最も分布が広く、東は南太平洋のマルケサス諸島から、西はアフリカ大陸の東海岸に至る。

ニホンウナギやヨーロッパウナギのように中緯度地域に適応した種類は温帯ウナギ、赤道を中心とする低緯度地域に棲むウナギの仲間は熱帯ウナギと呼ばれる。日本列島は熱帯ウナギの生息北限で、オオウナギの記録上の分布限界は関東の利根川だ。ニホンウナギもオオウナギも幼魚のうちは姿がよく似ているが、オオウナギには体に不規則な斑紋があり、ニホンウナギとの大きな識別点になっている。その模様から胡麻うなぎと呼ぶ地域もあり、九州以北では時おりウナギ狙いの筌《うけ》漁具や釣りバリにかかってニュースになる。

オオウナギは成長するほど体長に対する胴回りの比率が増す。つまり〝太っちょ〟になる。千葉、和歌山、徳島、鹿児島などでは、川や隣接する井戸に居ついた大型個体が天然記念物に指定されたこともある。ニホンウナギの中にも飛びぬけて大きく育つものがいるが、オオウナギほど怪異にはならない。各地に残っている大うなぎ伝説も、その地域では稀なオオウナギをたまたま見た人たちの驚きから生まれた可能性がある。

亜熱帯の奄美や沖縄では、ニホンウナギよりオオウナギのほうが圧倒的に多い。ゆえに奄美では、ウナギといえば巨大なオオウナギのほうを指し、数の少ないニホンウナギの存在が地域の人たちに意識されることはほとんどない。

住用川のほとりに住む元武光さんにとって、初夏から秋に釣れるオオウナギは、昔も今も重要なたんぱく源である。以前に比べると釣れる確率は10分の1以下になってしまったそうだが、時期と場所さえ間違わずに狙えば、ほぼ確実に釣ることができるという。

「わんの家ではふだんのおかずだったけど、ウナギ（オオウナギ）は、島ではどちらかといえば薬じゃや。暑いときに、体の調子がよくないときに食べると元気がつくといって、昔から年寄りたちが欲しがったよ。ウナギは漁をせん者には手に入らないからやあ、今もあちこちから捕ってきてほしい、食べたいと頼まれるっちょ」

ガサム（ノコギリガザミ）もそうだが、自然の中から調達した糧は、元さんにとって現金を補完する交換財だ。欲しいという人に気前よく分けると、コメや調味料になって返ってくる。元さんが嗜まないビールや焼酎を持ってくる人もいるが、それを人に回せば、いつかまた別なものとなって到来する。ウナギの代金だといってお金を持ってくる人もいる。元さんは素直に受け取るが、自分から額を示すことはない。いつも相手まかせだ。今の元さんにとって、獲物に値段をつけて得られる幾ばくかの金よりも、分け与えた人たちの笑顔の向こうにある社会保障のほうが高い価値を持っているのである。

大物は体を回して太い糸もねじ切る

ウナギは置きバリで狙う。餌はタナガと地元で呼ばれるテナガエビで、ウナギ釣りの仕掛けを入れる前日に川の浅瀬へ専用の筌を沈めて捕まえる。筌は金網でできたエビ専用の市販品でアネクと呼ばれている。値段は少々高くて1個5000円ほど。その気になれば自分でも作れるが、流されたり盗られない限りは何年も使えるので、安い投資だと元さんは考えている。ちなみに元さんが現金を使う

これはウナギの餌のタナガ（テナガエビ）を捕るための筌（うけ）。

タナガは米糠が大好物。水で練って布に包み、筌の中に入れておく。

のは、もっぱらこういうときだ。

筌の中に練った米糠《こめぬか》を布で包んで入れておく。糠は飼っているイノシシの餌の足しにするために精米所からもらってきたものだ。筌は入り口を下流側に沈める。流れで糠の匂いが拡散し、石の裏や沈んだ草の間に隠れているタナガが誘い込まれるという寸法だ。設置の際に重要なのは水の流れである。漫然と沈めると糠が分散しすぎて誘引効果が下がる。ふたつの流れがせめぎ合い、筋を作りながら少しずつ末広がりに流れるような位置に沈めると、匂いの道がしっかりできてタナガを寄せる効果が高い。

タナガはオオウナギと同じく夜行性だが、糠の匂いはたまらない魅力らしく、筌を置いた直後にはもう、近くの石の隙間からハサミとヒゲをのぞかせ様子をうかがっている。ひと晩置くと笊《ざる》に山盛りになるほどテナガエビが入る。ときには、このエビ用のアネクの中にオオウナギの幼魚が入っているそうである。タナガを捕っている暇がないときは、魚の切り身を使ってもよい。昔は小さなハブもよく餌にした。皮をむいて白い身をぶつ切りにしてハリに刺す。ハブの肉は匂いが強いのか、釣れる確

筌の口は下流に向けておく。流れた糠の匂いが、タナガを次々と誘い込む。

餌には十分すぎるほどのタナガ。島では非常に人気のある食材なので、引き受け手はあまた。

ウナギの置きバリ仕掛け。ハリスは最低でも10号。ねじ切られてしまうこともあるが、ワイヤーに変えると、今度は食いが悪くなる。

タナガは尻掛けにする。

率がとても高い餌だという。

置きバリを仕掛けるのは午後遅くである。筌のタナガを取り出し、ウナギのポイントまで歩いていく。タナガは浅瀬に棲むがウナギがいるのは決まって深い淵だ。大きな岩や倒木が沈んだような深い場所には、間違いなく大物が潜んでいるそうである。

仕掛けは、道糸がナイロンの撚り糸で長さ約20m。海の漁業用のものだ。ハリスは長さ1・5mで、太さ10号から16号ほど。マグロを釣るようなナイロン糸である。道糸とハリスの間には金属製のヨリモドシを結ぶ。ハリも海の大物釣り用だ。仕掛けは木の板切れにひとつずつ巻いて作り置きし、必要な数だけ川へ持って行く。

釣り方はきわめて簡単で、タナガの尾からハリの形に沿わせるように1匹刺しし、振り回して勢いをつけて目の前へ投げ込むだけ。オモリはつけず、ヨリモドシと餌の重みだけで沈める。興味深いの

オモリはつけず、餌とヨリモドシの重さでふわりと投げ込む。狙うのは砂地の駆け上がり。

は投入場所である。ウナギは淵の深みに潜んでいるというが、仕掛けはそこまで投げず、元さんは、ごく近い砂の浅い駆け上がりに置くように入れる。

「ウナギは馬鹿力だからね。石や木の沈んでいるところに入れたら、釣れても糸が引っ掛かってまず取れん。とくにダイバン（大物）になったら、どんなに太い糸で食わせようが１００％といっていいほど引っ張り出すことはできないっちょ。ウナギが踏ん張れる寝床に餌を持って行っても勝負にならないから、外へ餌を食べに歩くときを狙うわけ。夜になると、ウナギは自分の背中が出るような浅い場所までタナガや小魚をあさりに来るから、そのときに食わすっちょ」

嗅覚の鋭いウナギは、寝床の端の浅い砂地にぽつんといるタナガも見逃さない。川底に杭代わりの棒を打ち込み、道糸をしっかり縛っておけば、ハリに掛かっても淵の奥へ帰ることができない。

川底に障害物さえなければこちらのものだ。

「でも油断できん。隠れるところがないとわかったウナギは、今度は体をぐるぐる回転させて糸を切りにかかるよ。ヨリモドシがうまく回らなかったりゴミが引っ掛かると、太い糸でもねじ切られてしまう。ウナギは牙はないけれど歯が剃刀みたいに鋭いからやあ。糸を切られなくても、4kg以上もあるようなダイバンになると人間の影が水に映っただけで大暴れする。押さえつけて持って帰るだけ

ウナギ釣りは、いかに隠れ家から離れた場所で食わせるかが最大の秘訣。取り込み最優先の釣りだ。

オオウナギとしては小物。とはいえ最後のひと暴れはすさまじく、剃刀のように薄い一枚歯で太いナイロン糸が切れることも。

オオウナギは、小さなうちはニホンウナギのように細いが、成長するにつれ太くなる。

ゴミが絡んでヨリモドシが回転せず、ねじ切られてしまった仕掛け。

でひと汗かかされる。あれは魚ではないね。獣《けもの》みたいなものよ」

田んぼが川に直接つながり、まだ農薬も普及していなかったころは、浅い田んぼの中まで、カエルやドジョウを追って大きなウナギが入ってきた。夜、畦道《あぜみち》を歩くと激しい水しぶきの音がそこかしこから聞こえたものだという。こればかりはもう昔話だ。

食養生の伝統とオオウナギの強壮伝説

ウナギ（ニホンウナギ）は、奈良時代から精のつく食べ物として知られてきた。万葉集には大伴《おおとも》家持《やかもち》が詠んだ「痩《や》せたるを嗤《わら》へる歌」というウナギの歌が2首収録されている。

石麻呂に我れ物申す夏痩せによしといふものぞ鰻《むなぎ》捕り食《め》せ

痩す痩すも生けらばあらむをはたやはた鰻を捕ると川に流るな

石麻呂というのは吉田連老《よしだのむらじおゆ》という人格者。体が細くいくら食べても太らないたちで、その貧相な風貌を家持はからかったのだ。川でウナギでも捕まえて食べれば太れるだろうが、あなたは痩せて体が軽いので川に流されるなよという意味である。江戸時代に平賀源内が企画したと伝わる土用丑《うし》の日にウナギを食べさせる広告戦略も、このような伝統の下敷きがあって生まれたものだろう。

その昔、ウナギは得体のしれない生き物だった。まず、気味が悪いほどたくましい。水から出しても敏捷に動くことができ、粘液に包まれた体はぬるぬるとしてつかみどころがない。脱走の名人で、入れ物はよほどしっかり蓋をしておかないと、わずかな隙間をこじ開けてすり抜けたり、尾端を縁にひっかけて乗り越えてしまう。

潮騒が聞こえるような河口にいるかと思えば、何十里も離れた深山幽谷にもいる。雨の夜、ヘビのように山道を這い歩く姿もしばしば目撃されてきた。ウナギのルーツは深海だが、他の魚類には見られない飛び抜けた運動能力と生命力によって陸域の淡水にまで進出した。川の上流で育ったウナギがわざわざ遠い海域まで移動して産卵するのは、深海魚時代の名残であるという。

ウナギの生態は20世紀に入るまで謎だった。たとえば、どこの川にも普通にいるのに誰ひとりとして成熟した卵を腹に抱いた親魚を見たことがない。古代ギリシャのアリストテレスなどは、ウナギは泥の中から自然に発生すると結論づけてしまったほどだ。日本でも、ウナギは自然薯《じねんじょ》が成り変わったものと考えられた時代があり「山芋変じて鰻となる」などの俗諺《ぞくげん》も生まれた。そんな神秘性もウナギの精力的なイメージを高めてきたといえるが、実際にウナギは栄養価にすぐれた魚だ。ビタミンA群のレチノールという成分の含有量が他の魚よりも桁違いに高い。ビタミンEも魚の中では多いほうである。これらのビタミン成分は疲労回復だけでなく、視力低下や皮膚の老化などの防止にも効果がある。昔は肺病や中風、妊婦の養生にもよいとされた。

体力が消耗しやすい夏の土用にウナギを食べることは栄養学的にも理にかなっている。また、食事がおしなべて質素だった時代、たまに食べる香ばしくて脂の乗った焼きウナギは、食欲そのものを大いに増進したに違いない。

奄美におけるオオウナギの位置づけは、食べると元気が出る食材を越え、滋養強壮剤の域に入る。奄美では現代においても薬草や伝統的な食養生への信頼度が高い。一般流通しないウナギは、稀少性という点では専門業者がいるハブよりも格上の幸で、一部の人たちからは絶大な信頼と需要がある。

「ウナギにハブ、イノシシ。これらは昔から山の薬といわれておる。男も女も年寄りだったらみんなウナギを欲しがるよ。だから、ハブ捕りに山へ入ったときはウナギの仕掛けも持って行ったものよ。川沿いを歩くから。ウナギがおりそうなガマ（淵）に1本ずつ仕掛けていくわけ。雨が降って水

4kg級のオオウナギ。食べきれないものは船にトタンを張った生簀で飼っているが、この高さでも脱走することがある。

が濁り、増えた水が少し引いたぐらいの夜だったら最高よ。闇の大潮（新月回り）ならなおよい。ウナギは食い気が満々だから確実に掛かる。持って行く仕掛けの数は多くても10本ぐらい。それくらいにしておかないと後がたいへん。1匹ずつが重いから、何匹も掛かっても一度に持って帰れない。たくさん掛かってしまったときは、糸を切って逃げそうなダイバンを先に持って帰って、小さいウナギはガマへそのままにしておく。生かしておいて、次の日、あるいはその次の日にハブ捕りに行ったときに1匹ずつ下げて帰れば腐らすこともないし、欲しい人みんなに分けられるわけ」

ハブの捕獲をなりわいとする名瀬の川井親雄さん（「ハブ捕り」の章を参照）もウナギを捕る。川井さんの場合も、ウナギはハブと並ぶ商品で、独自のルートで販売する。ネオン街に顔の利く川井さんは、元さんと違った人脈を持っている。たとえば、夜遊びには目がないものの、最近男としての自信をなくしつつある小金持ちが、オオウナギの強壮伝説を聞きつけ「ぜひ試してみたいのだが手に入らないだろうか」と訪ねてくるのである。川井さんは言う。

「ウナギ捕りはハブ捕りと同じ場所でできるので便利がいいね。頼まれたらハリを仕掛けて歩く。ウナギが付いている場所は、たいていタナガのたくさんいるところじゃね。でも餌にするなら小さいカエルを捕まえたほうが早い。夕方、2匹ばかりハリに掛けて20か所ぐらいに置いていくと、帰りにはもう掛かっとるちょ。多いときは7匹も8匹もかかる。3kgとか、大きなものは5kgもあるからやあ、ハブやマムシも捕れたときは獲物だけで20kgにもなって、持って帰るのがひと苦労っちょ」

釣りの用意をするのは注文を受けたときだけだが、通りかかった淵の浅場に大きなウナギがいることもよくある。そんなときのため、ハブ捕りにはヤスを持って山へ入る。安全カバーをつけ、柄を逆さに持てば杖代わりになるので便利だという。

すさまじい量の脂に薬効あり

オオウナギは、本土の蒲焼きのように開いてタレ焼きにされることもあるが、どちらかといえば島の地味噌と砂糖で煮込んで食べるほうが多い。オオウナギの味について、多くの図鑑類は脂が多く大味と記し、食べるには値しない魚と評するが、これはいささか一面的な見方に過ぎるように思う。奄美の人たちがこのウナギを食べる目的は疲労回復や健康維持で、むしろ脂が乗っているほど強壮効果が高いと信じている。本土のウナギの感覚だけで評価すると、この島独自の（そして大事な）文化性を見落とすことになる。奄美のオオウナギの味を脂っこいと評することは、薬は苦いと顔をしかめるようなものだ。

釣れるオオウナギは長さが1mを超えることはざら。1匹で4kgもあるような大物になると、調理方法も普通ではない。元さんの小屋にある専用のまな板は、大工仕事でもするような1・5mほどの板を斜めにした台だった。元さんは生簀に活かしてあった太腿《ふともも》ほどもあるウナギを捕まえると、えらの中に紐《ひも》を通した。そのまま台へ引きずり上げると、ウナギの頭に金槌で5寸釘を打ち込み始めた。板を斜めにするとウナギは自分の重みで身動きができなくなり、裂きやすくなるのだという。

頭に釘を打ち込んで板に固定してから解体する。

頬の下から出刃包丁を刺し込み、背びれに沿って尾端まで切り進める。皮の断面は白く、かつ厚く、ウナギというよりはウツボのようである。2枚に開かれた身は幅だけで25cmもあり、獣肉のように分厚い。中骨を切り外すと、板の上に帯状の巨大な肉塊が残った。

これをいくつかに切り分け、数少ない家電製品である小屋の冷蔵庫に入れておく。近くに住む親類のおばさんにひと声かけておくと、次の日には欲しいという人たちが顔をほころばせながらやって来て、巨大ウナギは頭や中骨も含めきれいになくなってしまうのだ。

元さんが、そのうちの一塊を蒲焼風のたれ焼きにしてくれた。半透明な身が白くなったと思ったら、すさまじい量の脂が炭火の上に滴り、煙がもうもうと上がる。濃いキツネ色に焼き上がったオオウナギの身は、魚というより豚の脂身のようだった。噛みしめると、口の中いっぱいに脂が広がる。ウナギに際立って多いビタミンAは、この脂に溶け込んでいるそうである。

飽食の現代においては忌み嫌われる一方の脂肪だが、慢性的に不足していた穀類をサツマイモやシイの実で補い、質素なおかずで重労働に耐えていた時代、細胞まで潤いが戻るようなウナギの脂は、奄美の人々にはそれこそ薬そのものだったに違いない。

〔2007年取材〕

蒲焼風の付け焼きにしてくれた。

大物ほど脂が多いが、島の人たちはこの脂に滋養強壮効果があるとして好む。

島養生

売薬は飲んだことがない

子供のころお腹が痛くなったとき、母親やおばあちゃんから口が曲がるほど苦いゲンノショウコや熊の胆《い》を飲まされた経験のある人もいるだろう。ススキの葉で指を切ったらドクダミの葉を揉んで傷を覆う。今は逆効果ともいわれるが、火傷をしたらウマやクマの脂を塗れという民間療法もあった。ハチに刺されたときは近くのクモを捕まえ、指で潰してその汁を塗ると腫れがひどくならないといった伝承もある。

家の台所には、富山の薬売りが置いていった食べ合わせのタブー集が貼ってあり「西瓜とてんぷら」「うなぎと梅干し」「蟹とかき氷」などの組み合わせが、怖い筆致の絵で描かれていた。配置薬にもまだ漢方的な雰囲気を漂わせているものが多く、袋には「丹」「丸」といった力強い筆文字が躍っていた。

どうしても病気が回復しないときは、占い師や祈祷師に見てもらったり、神社で願をかける家もあった。それらの役割は先端医療や心理学の知識を持つカウンセラーが担うようになったが、現代で

ハシャ（バショウ）を採りに来た元さん。山道も裸足で歩く
現代人離れした体力の原点は、島養生にある。

も霊的なものへの信心は根強く生きており、テレビや雑誌では前世の因果や運勢を饒舌に語る現代のシャーマンたちが大活躍である。

奄美には、昔の本土とは色合いが異なるものの、今も土俗的な空気が一部に息づいている。たとえばノロ、ユタと呼ばれる巫女《みこ》（霊媒師）は、相談者や祭祀《さいし》の要として絶大な信頼を持つ。少し前まで、仕事や遊びで山の近くへ入るときは誰もがケンムン（森の精）の存在を意識し、過剰な伐採や殺生、悪ふざけを自戒した。

健康管理や医療においては「島養生」という言葉が生きている。すなわち奄美伝統の予防や治療で、薬草や伝統的に食されてきた野菜、野山で得られる天然の滋養強壮剤で体力をつけたり病気を治すことだ。元武光さんも子供のころから島養生を実践している。最近でこそ知り合いからもらった栄養ドリンク剤なども飲むが、基本的には食べ物と飲み物のとり方で健康を管理している。

「売薬は、家が貧しかったからほとんど飲んだことがないや。昔は本土から船とバスを乗り継いで、四角い箱を背負った薬売りが村へ来よったけれど、わんの家では売薬（配置薬）というものはまず使ったことがなかったや。ほんとうに体がたいへんなときだけで、風邪を引いたとか腹をこわしたぐらいのときは、みんな山の薬っちょ。腹が痛いときはツバシャ（ツワブキ）の根とかバシャ（バショウ）の根株を干しておいたのを煎じて、その苦い汁を飲めば治ると親に言われてきたよ。毒の草はだめだけど、芽や葉っぱが食べられるものは、どんなに苦くても根が薬になる。山の苦いものはみんな体にいいよ」

バシャの煎じ汁が薬になるという話は、幕末に記された『南島雑話』にもある。こちらは根株ではなく芭蕉布用に繊維をとった後に残った茎の芯だ。発熱したときに飲むとよいという伝聞が記されている。最近では食べる人がいなくなったが、バシャの茎の白く柔らかな芯は野菜としても利用されており、元さんは今もタナガ（テナガエビ）と一緒に煮物料理にする。

下痢や腹痛の特効薬、ニギャナ

ニギャナは島言葉で、標準和名はホソバワダン。西日本から九州にかけての海岸線に分布するキク科の多年生植物。鮮やかな黄色い花が咲く。

奄美には、薬になるとされる野草や樹木がたくさんある。下痢や腹痛など胃腸の調子が悪いとき、本土のゲンノショウコやセンブリ並みに効くとされるのがニギャナだ。標準和名はホソバワダンで、ニギャナを漢字で書けば苦菜である。海岸沿いに生える多年草で、元さんによれば根から葉、茎まで無駄なく使えるそうである。

元さんは、いつものように裸足でニギャナが生えているという海岸の岩場まで案内してくれた。ニギャナは比較的背の高い草で、岩の急斜面に株立ちするように生えていた。元さんは軽い身のこなしで岩をよじのぼり、根ごと引き抜くと腰のティル（籠）に詰めていく。

「ティル一杯あれば1年は使えるやあ。というか、わんはめったに腹が痛くならんから、ニギャナの世話になることもないけど

ニギャナを求めて切り立った岩場を登る元さん。

や（笑）。今日は、昔はこうしておったという説明のために採ってみただけ。だいたいは干しておくけども、生でそのままでも体にはよいよ。イモなんかを食べ過ぎて胸が焼けたときは、ニギャナの葉を2、3枚かじったらじきに胸がすうっとしてくる。酒を飲み過ぎた次の日もよいという人もおるね。どう、よかったら少し持って帰らんね」

ニギャナは根をよく水洗いして束ね、軒下へ逆さに吊るしておく。夏の光を浴び、のびのび生長した秋採りの株ほど薬効があるそうである。天気がよければ10日もするとからからになるので、しまいやすいようハサミで切り、ビニール袋に入れておく。使うときは適当な量をやかんに入れて水を張り、弱火でじっくり煮出す。葉の量は水に対して多めがよい。ツバシャの根もニギャナの苦さに負けていない。山菜として広く利用されている茎は茹でてから水に晒《さら》さないと食べられないほど苦みが多い。その根元の部分は、茎以上に苦みが蓄積されている。

「煮出すとヤニのように黒くなってにおいも苦みも強いけどやあ、この苦いのが体にいいよ。ニギャナは海までいかんとないけれど、ツバシャは日陰だったらどこでも生えているから便利っちょ。ツバシャはいちいち干さんでも、そのまま刻んで煎じればいいからや」

苦いものはなんでも薬になるという島に伝わる言葉は、根拠がいささか不確かだ。しかし、医学の源流は島養生的な素朴な民間療法である。理由はわからないが、その草を煎じて飲めば不思議と胸のつかえがとれる。あるいは腹の痛みがおさまる。そして、その効果には再現性がある。かつて

風のよく通る軒先の日陰で乾燥させる。乾いたら刻んで保管し、必要なときに煎じる。

普通に生えているツバシャの根もよい薬になる。これも苦味が強烈だが「苦いから体にいい」。

の医療はそれで十分だった。植物に含まれる薬理成分の特定や効果のメカニズムに科学の視点が持ち込まれたのは、19世紀以降である。

人間と薬草の関係は、じつは今の私たちが考えている以上に古いようである。アフリカの野生チンパンジーやゴリラは、体調不良のときに特定の植物を喫することが知られている。常食しているわけではなく、たとえば腸内に寄生虫が発生しやすい雨季、衰弱したチンパンジーはアスピリアという植物の固い葉を丸めて何枚も飲みこむ。胃腸を刺激し排泄を促す、いわば下剤である。同様の症状で元気のないチンパンジーが、ベルノニアという植物の髄を噛み、滲み出た苦い樹液を飲む行動も確認されている。その個体は翌日には体調が回復。排泄された糞を連続的に調べてみると、樹液の摂取後から寄生虫の数が減少していることから、チンパンジーはその樹液を駆虫剤として利用していることがわかった。

これまで野生霊長類（チンパンジー、ボノボ、ゴリラ）が薬用的に喫していると確認された植物は20種類近くあり、ほとんどに薬理効果のある成分が含まれているという。また、このうちの多くの植物がアフリカで古くから民間薬として利用されている。さらに興味深いのは、これら野生霊長類の間には、種としても集団としても接触経験がないにもかかわらず、同じ植物を利用しているケースがあることだ。

研究を行なった京都大学霊長類研究所のマイケル・A・ハフマン准教授は、野生霊長類共通の認識機構のようなものが存在するのではないかと推測する。つまり、薬草の利用は学習によって獲得された知恵というより本能に根差す行動ではないかというのだ。

私たちも、厚いステーキを食べたとき、ふだんはとくに好きでもないチコリやクレソンなど苦みの利いたサラダ野菜が欲しくなることがある。苦み物質は代謝機能をコントロールする信号として働き、動物が植物の特徴を記憶する動機になってきたのかもしれない。

コーヒーのようなグビ木のお茶を毎日飲む

ニギャナやツバシャの煎じ液は、そのままではかなり苦くのどを通りにくい。あきらかに薬である。奄美には、同じく伝統的な養生方法に位置づけられながら、もう少し気軽に利用されてきた植物もある。お茶だ。この場合のお茶とはチャノキの葉ではなく、多種多様な野生植物である。煎じ薬よりも飲みやすく、飲み続けると体の調子がよくなる（ような気がする）。ときには特定の病気に対する薬としての効能も託されている。島にはそういう植物がたくさんある。

「いちばんよく飲むのはグビ木（グミの木）。それからダラ（タラノキ）。わんだけやなしに、島の年寄りは昔からみなこういうお茶を飲んでいるね。糖尿病とか腎臓病によいからといって、わんのところにグビ木やダラ木を分けてほしいとちょくちょく来るよ。餅に搗くフッチ（ヨモギ）もお茶にする。わんが飲むのはそれくらいのものだけど、バンジロウ（グァバ）の葉やビワの葉、ススダマ（ジュズダマ）の葉をお茶にしとる人もおるね。この3種類の葉を混ぜたものを、名瀬（奄美最大の繁華街）あたりの店ではけっこういい値段で売っとるっちょ」

野山の植物をお茶にするというと、貧しい時代の名残のように思う人もいるかもしれないが、野草茶はある意味では時代の最先端を行く飲料である。たとえば、競争激しいペットボトル飲料の世界。

グビ木。これは奄美大島では一般的なツルグミ。日当たりのよい道沿いや海岸近くに生える。

コンビニの狭い棚の中で不動の一角を占めているのが「茶葉」以外のお茶である。ハトムギやハブ茶（ケツメイシ）など、体によいという伝承を持つさまざまな植物をブレンドした健康茶だ。これらのペットボトル飲料の勢力は、ダイエットやメタボリックシンドロームといった時代のキーワードをたくみにとらえ、緑茶やウーロン茶など単一素材からなる飲料と拮抗している。

元さんの小屋へ遊びに行くと、いつもごちそうになるのがグビ木のお茶だ。グミは赤く甘渋い実がなる低木。幹は粘り強く鎌の柄などに使う地域もあった。日本中に数種類あり、奄美に多いのはツルグミという幹の細いグミである。お茶にする場合はどの種類のグミでもよいそうである。

グビ木のお茶の作り方は簡単だ。幹を鋸で根元から伐って持ち帰り、小屋の作業台の上で5cmぐらいの長さに切る。これを鉈で縦に小割りする。網袋に入れて日陰に干しておけばできあがり。カビさえ生やさなければ何年でも持つ。お茶にするときは5～6片をやかんに浮かべて火にかけ、沸騰したら火を弱め、10分ほどで火を止める。薄めに煮出せば番茶風。濃いめにするとコーヒーのような風味になる。出し方は木片の量や火を止めてから取り出すまでの時間で調整する。初めて飲むと独特の木香がやや気になるが、苦みの中にもまろやかさがあり、慣れるとおいしく感じる。元さんは濃いめが好きなようだ。

一服したいときはやかんから湯呑みへ直接注ぐ。暑い時期は冷蔵庫で冷やして飲む。

「グビ木のお茶だけは子供のときから欠かさず飲んどるね。やっぱり体にいいと思うよ。これまで風邪もひかず腹もほとんど壊さずこれたのは、グビ木のお茶のおかげっちょ」

医学用語にプラセボ効果（プラシーボ効果）という言葉がある。たとえば船に弱い釣り人に、この薬は船酔いに絶対的な効果があると偽って粉砂糖を飲ませると、船酔いしなくなるような現象のことだ。信じたことで自己暗示にかかり、実際に症状が出なくなってしまう。不思議なことだが、薬や健康食品には信じた人ほど効き

皮にも効能があるので、そのまま鋸で5cmほどの長さに切り、鉈で小割りにする（写真はグビ木）。節や瘤状の部位はとくに効能があるとされる。小割りした木は網に入れて陰干しする。

グビ木のお茶。朝、やかんで1日分を煮出しておき、熱い状態で飲みたければ沸かし直す。

ダラ木（タラノキ）。明るい荒れ地に真っ先に生える樹木。若い芽は山菜としておなじみ。お茶にするときは、まず幹表面のトゲを鎌で掻き落とす。

やすいという傾向もみられる。グビ木やダラ木が腎臓病や糖尿病に効くという妙に具体的な効能は、昔から島に伝わる知恵というよりも、健康情報が氾濫するようになった近年に後付けされた知識のような気もするが、グビ木のお茶が島養生を代表するものとして揺るぎない地位を誇ってきたことはたしかである。奄美在住カメラマンの浜田太さんも、子供のころに風邪を引いて熱が出ると、よく母親から飲まされたという。

グビ木は素性のよいまっすぐな幹のほうが割りやすいが、薬効そのものは節のある場所や根元寄りの部位が多いと信じられている。こうした組織は硬く、含まれる樹脂の量も多いので、あながち迷信ともいえない。ダラ木のほうは、幹全体に棘《とげ》が生えているので、まず鎌で表面を掻き落とし、根元から伐って持ち帰る。あとはグビ木と同じように適当な長さに切って鉈で小割りする。ダラ木は生長が早く材が軟らかいので、グビ木よりは割りやすい。

苦いお茶と黒糖で優雅なティータイム

グビ木のお茶もダラ木のお茶も、苦みの中にほのかなコクがある。このあたりが、苦みやえぐみが先立つニギャナやツバシャの煎じ薬との違いだ。同じような薬効があっても、ただ苦いだけの植物は日常的に飲む嗜好品にはなりにくいものらしい。

ポンカン畑で下草のフッチ（ヨモギ）を摘む元さん。フッチは食材や野草茶、浴用剤にもなる万能植物。

フッチ（ヨモギ）の葉も、奄美ではお茶や薬草としてよく利用される植物である。餅の色づけ、香りづけとしておなじみだが、濃く煎じた汁は床ずれや傷口の洗浄液としても使われてきた。体が温まりあせもや皮膚疾患にもよいとして、干した葉を風呂に入れる人も多かった。そのとき、フッチと一緒に黒砂糖を入れる家もあったそうである。

フッチの煎じ汁は爽やかな

薬になる植物。左からフッチ（ヨモギ）、ニギャナ、ツバシャ、グビ木（グミ）の枝２本、ダラ木（タラノキ）の枝１本。下はウコン。

香りがして、いかにも体によさそうな感じがする。濃くいれすぎると苦いが、頃合いに煮出せばよい風味のお茶になる。元さんは言う。

「フッチの葉も慣れるとおいしいね。わんはそのときの気分で、グビ木、ダラ木、フッチの葉を飲み分ける。やはり山のものには畑のものにはない力があるね。飲み続けていると体の調子が軽くなる感じがするよ」

元さんの一日は日の出とともに始まる。親類のおばさんから預かったニワトリの卵を集め、小屋の脇で飼っているイノシシたちに餌をやり、畑を回って食べごろになった野菜を収穫する。8時か9時ごろには小屋に戻って朝ごはん。それからの小一時間が元さんの優雅なティータイムだ。

濃いめに煮出したグビ木のお茶は、アメリカンコーヒーほどの苦さがある。湯呑みに注ぎ、時おり黒砂糖をつまみながら飲むと、苦みと甘みが口の中でよい加減で調和する。黒砂糖も、昔から体によい、疲れがとれるとして島の年寄りに人気があった。カロリーの摂りすぎを気にする時代になり、私たちはともすれば糖質のありがたさを忘れがちだが、すぐにエネルギーとして吸収される砂糖や蜂蜜は、食事が質素な割に労働のきつかった時代、絶大な疲労回復効果を発揮した。甘いものもまた薬だったのである。

かつて砂糖は裕福な階層だけが味わえる贅沢品で、薩摩藩は奄美の人たちにサトウキビの栽培を命じながら、島民が自家用とすることを厳しく制限していた。だが、砂糖の薬効をいちばんよく知っていたのは、過酷な労働を強いられてきた島民だったにちがいない。おそらくは役人たちの目の届かないところで、体の奥までしみ込むような黒糖の甘さで疲れを癒していたはずである。

来客に出すお茶もグビ木。濃度はこれぐらいが好きだという。

グビ木のお茶で苦くなった口の中で黒糖のかけらを転がしていると、お茶の苦さが恋しくなるので飲む。お茶をすると、また甘さが欲しくなるので黒糖をひとつまみ。このひとときがなんとも幸福なのだと言いたげに、元さんは丸太の椅子に座って眼を細める。

ハブやイノシシの脂も薬として珍重

奄美では、野生動物も島養生の対象だ。ハブやウナギ（オオウナギ）、イノシシが代表的な存在で、とくに薬効があるとして珍重されるのは脂である。ハブは生きたまま保健所に持って行くとお金になるが、元さんはときどき自家用に消費する。捕まえたハブは皮を剥いで焼き干しにしてから砕いて粉にする。これは万能の強壮剤だ。ハブをさばいたときに出る内臓も無駄なく利用する。胃腸だけを捨て、残りの内臓を鍋でじっくり乾煎《からい》りする。滲み出てきた黄色い脂をちょくちょく小瓶《こびん》に集めておく。

「脂のことはハブ捕りを始めてから聞いたね。痔によう効くっちょ。ある人に頼まれて分けてあげたら一発で治ったち言うよ。500gほどの細いハブだとせいぜい猪口に1杯ぐらいのものだけど、ダイバン（大

痔によいとされるハブの内臓の脂。融点が低く、常温だと液状になる。

野生のイノシシの脂。食材ではなく、塗り薬として扱われている。

物）のハブやったら2～3杯は採れる。脂といえば昔から島で知られているのはシシ（イノシシ）の脂だね。鍋で脂身を乾煎りして、出てきた脂を素焼きの甕《かめ》に入れておく。冷えて真っ白に固まったものを、切り傷やガブ（吹き出物）が出たときに指でとって塗る。とくにガブにはよく効いたね。脂を塗った上にツバシャやオオバクサ（オオバコ）を火で炙って貼っておくと、膿の芯まできれいに取れるよ」

奄美では、もともとブタの脂を珍重する。年越しにブタを潰したとき、食べきれない肉は塩とともに甕に保存する。厚い脂身は別に切り分け、乾煎りして脂を搾った。この脂も甕に貯えて炒め物などの料理に使う。すなわちラードだ。ブタの脂は肉同様に滋養のある食材として大事にされてきたが、イノシシのラードはブタよりも格上で、調理油というよりも薬として扱われる。

「山のものだけを食べて育ったから薬効があるのよ。ほんとうのことをいえば、わんはブタの脂とそうは違わんとも思うけれど（笑）、島では昔からシシの脂がよいとされるっちょ。火傷のときも塗ったよ。今はラードなんて

切り傷や腫れ物ができたときは、オオバクサ（オオバコ）の葉を炙って貼る。代表的な島養生のひとつ。

誰も欲しがらないけれど、シシの脂だけは別じゃや。あげると喜ばれるのでシシが手に入ったときは煎って溜めておくよ」

医学が進んだ現在、野に生えているさまざまな植物で健康を管理する島養生は、もうその役目を終えているのかもしれない。しかし、いにしえの人たちが植物や動物に向けてきた眼差しの中には、常に背中合わせで存在し、いつひっくり返るかわからない生と死への、真摯な思いがあったことを忘れてはならない。

〔2007年取材〕

葉をしんなりするまで熱する。農作業のときなどはマッチで炙った。

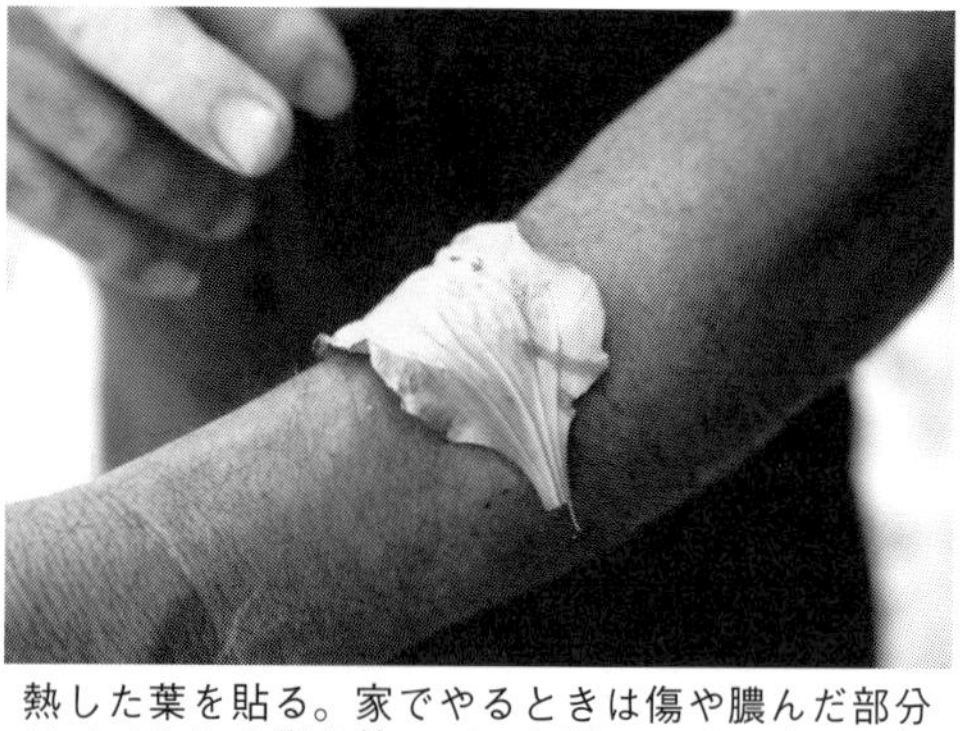

熱した葉を貼る。家でやるときは傷や膿んだ部分にイノシシの脂を塗ってから貼り、その上から軽く包帯を巻く。ツバシャ（ツワブキ）の葉でも、同じような効果があると伝えられてきた。

コーガン捕り

サシバの飛来で知るモクズガニの漁期

亜熱帯の気候の奄美は、四季のめりはりにいささか乏しい。本州のようにサクラが一斉に咲くこともなければ、燃えるような紅葉もない。氷も張らなければ、雪も降ることがない。しかし島の人たちは、山や空の景色、海風のちょっとした変化で季節の移り変わりを感じ取っている。奄美には、この島独特の自然の暦があるのだ。

10月末から11月の初め。シイに覆われた山の上に、ピー、ツィーと甲高い声で鳴く、やや大型の鳥が北から渡ってくる。タカの仲間のサシバだ。夏鳥として内地で子育てを終えたサシバは、秋の声が聞こえると岬沿いに移動を始め、琉球弧を経て東南アジアまで南下して過ごす。奄美は渡りをするサシバたちの休憩地点になっている。気候が温暖なこともあり、中には島で越冬する個体もいるらしい。沖縄県の宮古島では、かつて渡りの途中のサシバを捕えて食べる習慣があったという。

「このタカが渡ってくる時期は、わん（私）もそわそわするや。いやあ、捕えて食べるわけじゃないよ（笑）。タカが飛ぶころになると山の奥からおいしいガンが降りて来るわけよ」

元武光さんはそう言って相好《そうごう》を崩す。

元さんがいう山から降りてくるガンとは、カニ、すなわちモクズガニだ。日本のほぼ全域に分布する中型のカニで、浅い内湾で生まれ、子ガニのときに上流を目指して川をのぼる。3年ほど川で過ごしたのち、海へ降りて産卵する。かなり上流域まで生息し、滝のような断崖やコンクリートの砂防堰堤でも、爪が掛かるところさえあれば横歩きで登って行く。春、ハブやタナガ（テナガエビ）を捕るために渓谷沿いを歩いていると、滝を登る順番を待つ子ガニたちが真っ黒に固まっている様子を見ることがあるという。

元さんがターガンと呼んでいる、シーズン初期に捕れるオスのモクズガニ。巨大なハサミと毛が印象的。

本土では、海から100km近く離れた山あいの谷でも見ることがある。モクズガニは中華料理でおなじみの上海蟹に使われているチュウゴクモクズガニと亜種関係にあり、日本でも昔から晩秋の味覚として愛されてきた。島の自然に通じた元さんは、サシバが奄美に飛来する時期と成熟したモクズガニが海へ移動を始める時期は同じだという。

このような生き物どうしの動きから季節の到来や漁のタイミングを予測する方法は各地にあり、その地域ならではの自然暦として語り継がれてきた。たとえば、高知県仁淀川の名物漁師として知られた宮崎弥太郎さんは「イタドリやシーレの花が咲くとツガニが下る」と言った。ツガニは高知におけるモクズガニの呼び名で、シーレとはヒガンバナのことだ（シレイとも呼ばれる）。奄美の場合は、渡り鳥のサシバの到着がモクズガニ漁が口開けする目安になってきた。

「このガンのことは島では普通コーガンと呼ぶよ。川のカニという意味じゃや。でもタカが飛んできたとき最初に捕れだす大きなオスは特別にターガンといった。つまりタカのガン。最近は島でもそんなふうに呼ぶ人はおらんようになって、わんぐらいっちょ。ちょうど秋の長雨の最初のときでやあ。増水すると山の奥から大きなオスが団体で降りてくるわけよ。メスが下るのは2回目からの雨。オスは先に海へ行ってメスが来るのを待っているわけ」

海に下るカニを大きな筌《うけ》に誘い込む

捕り方は3通りある。ひとつは増水前後の夜にカーバイドランプを照らしながら川底にいるモクズガニを手づかみする川いざり。もうひとつはコモリ（淵）に市販のカニ籠を沈める方法だ。冷凍サンマを餌にする最も簡単な方法である。そして最後が、増水の流れに乗って下るモクズガニを誘い込む筒型の大きな筌で、奄美ではアネクと呼ばれる。アネクの入り口には、一度入ると後戻りできない構造のアギ（アグ＝カエシ）を付け、入り口の左右には、降りてきたモクズガニを誘導する竹で編んだ

アネクを設置する元さん。

漁具は手作り。アネク（筌）の胴体はビニール製のネット。口のアギ（トラップ）部分は少しずつ細くなるように削った竹を編んで作る。昔はすべて竹だった。

ハズ（袖垣《そでがき》）を据える。

サシバが空を舞い始め、奄美付近に前線が停滞しそうな気配を感じると、元さんは山の奥の細い谷へ入ってアネクを仕掛ける。設置したら雨を待ち、雨の後4～5日置く。水が平水に戻ったのを見計らって回収に行くと、毛むくじゃらの大きなハサミを持つオスのモクズガニがアネクの中にひしめいている。いわゆる腹のふんどし（腹脚）が丸いメスも混じるが、圧倒的に多いのは、ふんどしの細いオスである。

雨の量が多すぎるとアネクが押し流されてしまうので、片側のハズを水圧がかかると外れるようにしておき、もう一方を岸の木の枝にしっかり結ぶ。仕掛けは丈夫な紐でひとつにつながっているので、浮き上がっても流失は防ぐことができる。

設置したアネクには、シイの木の枝やシダの葉をかぶせておく。暗くしておくほうが中に入ったカニたちが落ち着くからだ。アネクの中が明るいと何度も脱出を試み、ついにはペンチのように頑丈なハサミで仕掛けを壊してしまう。

また、アギは必ずアネクの中心に固定しなければならない。カニは壁面沿いに移動する習性があるので、そこにわずかな隙間を発見すると執着し、ついにはこじ開けてすり抜けてしまう。モクズガニ

アネクの設置方法

下ってきたモクズガニを誘い入れる「ハズ」。割り竹や細い竹で作り、石で押さえる。翌年も使えるよう、表面を火であぶり腐食しにくいようにしてある。

川底との間に隙間ができないように設置。

入った獲物が落ち着くように木の枝や草をかぶせる。

はウナギ以上の脱走の名人。そのためアギの向きが縁に偏らないよう、三方向から針金でバランスよく引っ張って固定する。

コーガンの味は昔から人気があり、集落によっては漁の権利を入札制にしているところもある。旧暦の9月9日が解禁で、いちばん高い値段を示した人からよい漁区を選び、一定期間占有する権利を得る。

「ずいぶん捕れた時代は入札の相場も高かったけどやあ、最近はずいぶん安くなっているやあ。あまりコーガンが捕れんのと、歳がいって金を払ってまでやろうという者がおらんようになってきた」

シイの実が豊作だとカニの身がよく入る

身の充実度は、その年の気象状況で変わると元さんは言う。モクズガニはカエルやヘビの死骸から、ミミズ、テナガエビ、水中で朽ちた落ち葉、藻類までなんでも食べる雑食の生き物だが、意外によく食べているのがシイの実だ。澱粉をたくさん含むシイの実は、モクズガニにとっても栄養の塊なのだ。

「ここ数年は夏の天気が悪いせいか、シイの実が不作っちょ。コーガンも殻に身のないものが多かったけど、今年は久しぶりに山のシイの実が豊作でコーガンも肥えとるよ」

アネクに入るモクズガニは、冬に近づくにつれやや小型のメスが増えてくる。森の上空でカラスと小競り合いを繰り返していたサシバの姿がいつの間にか消えると、コーガン漁も自然に終わりを迎える。

サシバが舞い始めたころの雨を狙い、川にアネク（筌）を仕掛けると、増水に乗って下るターガンは一網打尽になる。

アネクに入っていたコーガン。ターガンと呼ぶ大きなオスがほとんどだった。

メスはひとまわり小型だが、詰まっているオレンジ色の卵の味が好まれる。

かつてはアネクの中が真っ黒に見えるほど捕れたそうだが、近年は激減した。

「コーガン自体は年明けまで捕れる。海のほうにおるっちょ。昔は月夜の晩に波打ち際へ行くと、何匹も固まって腹に抱えた卵を波で洗っておったよ。産卵は今の暦で1月から2月ごろまで続く。卵を産むまでは食べられるけれど、味は川で捕れたものよりだいぶ落ちるやあ。わんが子供のころは、その時期に海へ行くと石を拾うような感じでいくらでも捕れよったものだけれど、今は集まって産卵するような様子は見られん。卵を産みきったコーガンは食べんね。あれはまずい。食べてもスカスカで泥臭いっちょ」

元さんがモクズガニを捕るのは、サシバが南へ渡る初冬だけだ。

「夏も捕らん。冬にならないと体が大きくても身が入っていない。甲羅の中に味噌や卵が詰まるのがターガンの時期。このときがいちばんうまい。冬以外のコーガンは人にあげても喜んでもらえないから、捕る意味がないわけよ」

“ふんどし”との間に包丁を入れて甲羅を外し、身と脚をそのまま臼の中へ入れる。

臼で潰して作る絶品汁「ふやふや」

ターガン、すなわち旬のコーガンは、茹でるか、殻ごと臼で潰して絞り「ふやふや」という汁にして食べる。モクズガニはサワガニに比べるとはるかに大型だが、ズワイガニのように脚の身まできれいに食べることは難しい。見た目は真っ赤で大いに食欲をそそるが、しゃぶりついてみると意外にめんどうな茹でガニに対して、カニから汁だけを絞って作るふやふやは島でたいへん人気のある料理だ。

ふやふやを作るときは、まず甲羅をたわしで丁寧にこすり、カニの表面の泥汚れを落とす。次に出刃包丁の先で甲羅を尻からこじ開けて外し、脚がついた側の身を臼に入れる。10匹ほど入れたところで、竪杵《たてぎね》で少しずつ搗き潰す。元さんが使っているのは餅搗き用の木臼で、イスノキという硬い島の木を刳《く》り抜いたものである。

カニと臼といえば、民話の猿蟹合戦が思い浮かぶ。親ガニを死なせた悪賢いサルに子ガニが復讐する話で、加

臼は島で最も硬く重い木のひとつ、イスノキ製。竪杵で、少しずつ搗き砕く。

勢を買って出たのが臼である。悪役としてサルが、脇役としてカキの実や栗の実、ハチが出て来ることからも、この物語のカニは海のカニではなく、里川に棲むモクズガニであり、晩秋の光景であることは間違いないだろう。事実、この民話が残る地域では、モクズガニを臼で潰して食べる習慣のあったところが多いそうだ。

数ある類話の中には、サルの尻をカニがハサミで切ったため、以後、サルには尻尾がなくなり、カニのハサミに毛が生えるようになったとするものもある。今では唐突に思えるカニと臼の取り合わせだが、川の幸の食べ方が土台になっていることがわかれば、話の展開にも合点がいこうというものだ。

モクズガニを潰して汁にする習慣は、料理の呼び名や作業の細部にこそ差はあるものの、奄美のほか、九州、四国や中国、関東、東北など広い地域に存在した。過去形で書かなければならないのは、流域の生活様式の変化や水質の悪化、資源量そのものの減少で、川の幸を食べる習慣が薄れてしまっ

殻が細かくなり、全体に粘りが出てくるまで根気よく潰す。

たからである。

モクズガニを汁にする場合は、ガニと呼ばれるえらの部分を取り除く地域が多いが、元さんはそのまま臼に搗き込んでしまう。はじめから勢いよく杵をおろして殻を砕くと汁が飛び散るので、餅搗きの要領でゆっくりやさしく潰し、破片の大きさがほぼ均等になったところで力強く搗いていく。この作業は臼がなければ困難だ。モクズガニの殻は硬いので、家庭用ミキサーなどではとても歯が立たない。

殻が細かくなり、全体がねっとりしてきたら、カニと同量の水を

潰した身に少し水を足し、網袋に入れて絞る。水は粘っていた身がサラサラになる程度。水を入れすぎると味が落ちる。

次に絞り汁をサラシで濾す。

甲羅に残っているミソ（内臓）を鍋に入れ、ひと煮立ちさせる。

鍋の温度が高まるとともに、カニのエキスに含まれるたんぱく質が固まる。

加えてかき混ぜる。潰れた身や内臓は汁となり、ほとんどが水の中に溶け出る。これを目の細かい網袋に入れて鍋の中へ絞り出す。次に貯まった絞り汁をサラシで濾し、殻の細かい破片や砂を取り除けば下準備の完了だ。

「ふやふやは時間がかかるから、しょっちゅうやれるものではないね。その年初めて捕れたターガンとか、集まり事があるときにだけ作る。コツはガンの量をけちらんことじゃや。水で薄めれば量は増えるけど、味が薄くなるし固まらなくなる。火を通しても固まらないような汁は、ふやふやとは呼べんっちょ」

サラシで濾したモクズガニのエキスは薄い肌色をしている。鍋を火にかけると、温度が上がるにつれて汁の中のたんぱく質がもやもやとまとまり始める。それらはやがて白く膨らみ、鍋にふわふわと浮き上がる。ふやふやという料理名の由来だ。秋以前に捕れたモクズガニは、いくらエキスの濃度を濃くしてもうまく固まらない。それだけ身にたんぱく質が少ない、すなわちうまみがまだ乗っていないということである。最後に、外してあった甲羅の内側に残っている蟹みそを箸で掻き出して鍋に加える。火が通ったところで醤油や味噌で味をととのえ、ひと煮立ちさせればできあがりだ。

「昔は塩だけで味をつける人もおったよ。あれもなかなかおいしい食べ方。お椀に入れたら好みでショウガをすったり、センモト（奄美在来の青ネギ）を刻んで浮かべると、香りがよくなってなおおいしくなる」

さっそく賞味させてもらった。ふうふう冷ましながらひとくちすすると、カニらしい濃厚なうまみが口いっぱいに広がる。モクズガニには独特の癖というか、野趣に富んだ香りがあるが、センモトの甘く爽やかな香りが癖を中和し上品な味わいになっている。カニのうまみを含んだセンモトもうまい。私もカメラマンの浜田太さんも、むさぼるように二度おかわりした。馬鹿の三杯汁とはこのことである。元さんが笑いながら言う。

「お椀1杯にターガン1匹を使うぐらいのつもりで作らなければ、味のよいふやふやにはならんよ。わんのふやふやは、食の細い人でもみんなおいしい、おいしいといっておかわりするや。とくに

上はモクズガニの姿茹で。下が奄美の人気郷土料理の「ふやふや」である。

年寄りには、体にいいと人気があるよ。ターガンは昔からシシ（イノシシ）と並ぶ冬のごちそうで、ふやふやを食べると、またひとつ歳をとった、新しい年を迎えるという気がするやあ」

今の奄美では、ふやふやと聞いても郷愁を感じる人は少ないそうである。モクズガニそのものを見たことがない人も多いので無理もない。もともと川に近い集落だけの味で、捕って食す習慣のある家もそれほど多いわけではなかった。自然が豊かといわれる奄美でも、人と川、そして生き物たちとの距離は遠ざかりつつあるようだ。

〔2007年取材〕

南のマツタケ

島にはキノコ狩りの習慣がなかった

どうやら奄美にはキノコ狩りという娯楽がないらしい。島の昔遊びや食材の文献を調べても、それらしい記述が見つからないのだ。本州の山国なら、どの町村にもキノコ名人と呼ばれる人がいる。居酒屋などで出会ってそうと知ったとき、ちょっと水を向けるだけで自慢話が滔々《とうとう》と始まるものだ。そうした地域では、キノコは伝統的に冬越しの食材で、郷土料理にもさまざまな形で顔を出す。現金収入を得る資源としてすっかり権利を囲い込まれたマツタケを別にすれば、今もキノコ狩りは秋の風物詩であり、多くの人に開かれた野外娯楽の王様である。

ところが、奄美にはキノコの愛好家がいない。山菜や野草を摘む楽しみは本州同様に存在する。自然の中から得た糧を慈しみ、大切に味わっているという点においては、むしろ本州より意識が高いといってもよい。なのに、キノコにだけは淡泊なのだ。

理由のひとつに考えられるのは、キノコの種類数だろう。キノコ狩りの対象になるような大きな子実体をつくる菌種が少ない。もうひとつの理由として想像されるのが、猛毒を持つハブの存在だ。奄美の森はハブの聖域で、よほどの理由がなければ踏み込むべきではないというのが島の人たちの意識だ。森は仕事のためにしかたなく入る場所であり、そこでの作業はなんであれ、常に足元の緊張を強いられた。昔から遊山気分で遊びに行くところではなかったのだ。

木を伐らなくなって消えたシイタケ

ただ、食用キノコ自体はあった。シイタケである。幕末の『南島雑話』には「椎茸」と「千本しめじ」の2種についてメモ程度の記述がある。奄美の自然全般に精通した元武光さんによれば、シイノ木を盛んに伐採して島外へ売っていた時代、山の残材によく野生のシイタケが生えたという。シイタケというぐらいだから本来はシイの木に多いキノコで、原木栽培の発祥が奄美と同じ照葉樹林帯の伊豆（現・静岡）だったというのもうなずける。

奄美におけるシイタケの発生量はばかにならず、明治大正期の記録には、出荷高の多い林産物として薪炭に次いでシイタケの名が登場する。当時のシイタケがどれぐらいの値段で取引されていたかは定かでないが、ハブが潜んでいるかもしれないシイの倒木に手を伸ばしてシイタケを採ることは危険を伴う行為であり、お金のためでなければ、あるいはよほど好きな人でなければ、シイの木の森には踏み入りたくなかったはずである。

「最近はシイタケも出んようになったねえ。どの山を歩いてもほとんど見ない。材木もパルプも売れんようになってシイの木を伐らんからやあ。あれは生きた木には出ないキノコだから、伐採をした時代はいくらでも生えておって、食べるとおいしいから、わんも山仕事のついでによく採って帰ったよ」

そんな元さんも、シイタケ以外の食用キノコは知らなかったという。ところが今から25年ほど前、島にはもう一種類、食べられるキノコがあることを知ったのである。それは秋のことで、おばさんの家でたまたま見たテレビ番組だった。本州にはマツタケというキノコがあり、毎年高い値段で取引されているという。元さんは映像を見て目を疑った。自分がハブ捕りなどで入る山で見るキノコとよく似ていたからである。秋が深まると、ときどき生えているのに出くわしたが、食べられるキノコはシイタケしか知らなかったため、蹴飛ばして歩いていたという。

「誰も教えてくれなかったけど、わんは、これは本土でいうマツタケと同じキノコでないか思い始めたわけよ。焼いて食べてみたら、少し松脂のような匂いもするし、味もいい。腹も痛くならない。そ

山の中を歩く元さん。こんな険しい場所を歩くときも裸足である。信じがたい身体の持ち主だ。

れからよ、採るようになったのは」

味よし、香りよし、奄美の〝マツタケ〟の正体

その〝マツタケ〟は風通しのよい尾根筋に出るという。リュウキュウマツやシイが混生する土の痩せた場所で、ところどころ岩が露出している。話を聞く限り、本州でマツタケが出る条件とされる環境に似ている。時期は毎年11月に入ってからだ。コーガン（モクズガニ）が沢から本流へ下る合図になる長雨が降り始め、1週間から10日するとほぼ一斉に生え始める。場所はだいたい決まっているが、年によって当たり外れがある。

マツタケを求めて稜線付近を歩く。出る場所はだいたい決まっているが、数は年によって差がある。

しかし、同行した場所は想像していたイメージとは少し違っていた。奄美にはリュウキュウマツが多い。マツタケはこのリュウキュウマツが主要な樹種になる場所に生えていると思っていたのだが、案内された森はほとんどがシイかカシなどの常緑広葉樹で、リュウキュウマツはまばらである。

「この時期の山は、気をつけんとイノシシと間違えられて鉄砲で撃たれる

からや。最近は猟をする者も減ったけれど、前は笠利（奄美北部）あたりから犬を連れた鉄砲撃ちがようここらへ来たので危なかった。猟期に山へ入るときは、なるべく大きな音を立てて木の枝を折ったり、咳払いをして知らせせんといかんよ」

大きな岩にさしかかったところで、元さんは立ち止まった。指さした先には茶色い大きなキノコが列を作って生えていた。〝マツタケ〟だという。たしかにマツタケのようだが、色合いや姿はどこか違うようにも感じられる。図鑑に出ているようなスタンダードなマツタケには見えない。手持ちのキノコ図鑑を繰ってみたところ、マツタケによく間違えられるキノコにはバカマツタケとマツタケモドキの2種があると書かれていた。写真と実物を交互に見比べ、さらに解説の記述にあった発生場所などの特徴を勘案すると、この〝マツタケ〟はどうやら本物のマツタケではなくバカマツタケのようである。図鑑には、名前こそ不名誉だが味はなかなかすばらしいというようなことが書かれていた。

収穫は、ちょうどティル（籠）一杯分あった。大きなものは傘の直径が15cmほ

雑木林の中に忽然と現われた“マツタケ”。調べてみると、どうやら「バカマツタケ」のようだった。

マツタケの仲間は、木の根と共生する菌根（きんこん）菌。しばしば輪を描くように生える。本州のマツタケ山では、こうした場所をシロと呼ぶ。

大きさも手ごたえもなかなか。貫録のあるキノコなので、元さんはずっと本物のマツタケと信じていた。

マツタケ同様、焼いて食べても、吸い物などに入れてもよい。南のマツタケだ。

色といいプロポーションといい、マツタケと思ってしまうのも無理もない。

どもある。笊に並べるとなかなかの貫禄である。味の比較ができるほど本物のマツタケを食べた経験がないので自信はないが、バカマツタケにも針葉樹の葉のような爽やかな香りがある。香りは焼いても汁に入れても薄れず、身もしゃきしゃきして食べごたえがある。ほんとうのマツタケを食べたことがない元さんがマツタケと信じたのも無理はない。

というより、そんなことはどうでもよいような気もする。世界中から持ち込まれる同属のキノコがマツタケと称して売られているのが現実なのだから、バカマツタケを奄美のマツタケと称しても誰にも不都合はないだろう。事情を呑み込めた元さんが笑う。

「いずれにしても、山を知らない人はむやみに入らんほうがいいよ。11月はまだハブも元気に出歩いておるからやあ。昔のシーヒレ（シイの実拾い）でも、夢中になって地面に手を伸ばしたときにハブに打たれるっちょ」

奄美のキノコ狩りは命がけなのである。

〔2007年取材〕

シシ撃ち

猟歴70年、最長老・現役の「狩り者《かじゃ》」

瀬戸内町の里力《さといさお》さん（1922年生まれ）は、奄美で最高齢の現役狩り者だ。狩り者とはすなわち猟師で、奄美地方における昔からの呼び方である。里さんが初めて鉄砲を持ったのは15歳。知り合いに誘われシシ（イノシシ）猟についていったのがきっかけだ。買ったのは日清戦争時代に活躍したという年代ものの村田銃で、値段は当時20円。兵隊の給金がひと月10円の時代だったそうである。戦前の奄美では、銃猟をする人は集落にひとりかふたり。鉄砲撃ちは金持ちでなければできない道楽だといわれていた。

里さんの家は裕福な土地持ち農家だったが、半人前の若造が兵隊の2か月分に相当する銃を持つことは身分不相応なことだった。しばらく噂話の格好の種《たね》になったが、一方では期待もされた。島ではイノシシによる農作物への被害が多かったからだ。

シシクビリというくくり罠を使う捕獲方法もあった。現在のくくり罠はワイヤー製だが、戦前は金属線を使う人は少なく、麻やアダンの繊維を編んだ綱が使われた。金属線の場合も弱い番線（単線）

で、掛かって興奮したイノシシが暴れると切れる危険が高かった。見えない場所に仕掛けるクビリは、人が怪我をしたり犬がかかって死ぬ事故もあったことから、クビリの狩り者は周囲からあまり歓迎されなかった。社会的な信用は銃を持つ狩り者のほうが高かったようである。

戦前の奄美では、狩猟自体がそれほど盛んではなかったという。農家は日々の仕事をこなすことに追われていた。できうる獣害対策は、田畑の境に木や石で垣を築いてイノシシの侵入を防ぐ程度。応戦しても、せいぜい垣の近くにシシゴモリという落とし穴を掘っておく程度だ。イノシシとの駆け引きに魅せられ、寸暇を惜しんで山へ分け入る若い狩り者は、農家にとって願ってもない田畑の番人に映ったようである。

里力さんは島で最高齢の現役狩り者だ。仕留めたイノシシは約3000頭。ハブに三度咬まれている。畜産、サトウキビ栽培などを営みながら、70年以上シシ猟を楽しんできた。

里さんが70年以上に及ぶ猟歴の間に仕留めたイノシシは、約3000頭。近年でも、1シーズンに20頭以上捕っている。

「昔は1年に50〜60頭捕れよったけどや。島では鉄砲持

午前中に入った山は、もぬけの殻だった。午後は違う山へと移動して、作戦を練り直す。

つ者があまりおらんくなったから。それに昔はシシが出たちいうたら、すぐにそれっと行ったものだけど、今の連中は勤め人でしょう。猟に出られるのは土曜日曜に限られてしまうから、狙った山に入っても逃げられた後じゃったということが多いね」

獣道《けものみち》「カエー」で待ち構え、撃つ

昔は単独でもイノシシを追ったが、現在は努めて猟友会の若い仲間と山へ入るようにしている。自分の経験と知識を、少しでも次の世代に伝えておきたいという思いからだ。80歳をとうに過ぎている里さんは、孫ほども歳の離れた猟友会員から、力兄《いさおに》いと呼び慕われている。

「山へは鉄砲を持った射手《いて》、犬を連れた犬引《いんひ》きと勢子《せこ》に別れて入るよ。射手がシシの通るカエー（通い＝獣道）で待ち構えたのを確認したら、犬引きは山の反対側から犬を放す。そのまわりを勢子が追う。犬がシシのにおいを拾って鳴きながら追跡すると、身の危険を感じたシシはカエーを早足で逃げ、射手のマブシ（待ち場）の

犬を連れた犬引き（左）と勢子、鉄砲を持った射手（右）は別々に山へ入る。射手が持ち場に着いたら、犬引きは風下になる山の反対側から犬を放す。今は無線で連絡を取り合うが、昔はすべて、ブラと呼ぶほら貝の音で合図したという。

前を通る。その一瞬を待ち続けて引き金を引くわけよ」

人が歩き続けた踏み分け道がいつしか街道になったように、イノシシにも日ごろから使い続けている道がある。藪の中を突き進むことは野生動物にとっても面倒なことだ。やみくもに突破するよりも、踏み固められ、木の枝や草が伸びなくなった場所を歩くほうが楽なのである。人間社会でいう幹線道路のような存在がカエーで、奄美ではウジ、トゥーシと呼ぶ地区もある。

イノシシが使う道は1本の幹線だけではなく、バイパスや裏道のような支線もたくさん持つ。たとえば季節ごとに変わる採餌場への移動。体についたダニをこすり落とすためのぬた場（泥場）通い。あるいは恋の相手を探しに山を越えるとき。そして、犬や人に追われて身の危険を感じたとき……。イノシシはこれら幹線と支線をさまざまに使い分けて暮らしている。

「カエーというのは、とにかく歩きやすいようになっておるよ。突き出た岩は迂回しているし、谷を渡るときも傾斜の緩い足がかりのよいところを選んでいるね。そういう道は人間にも歩きやすい。クビリでシシを捕る場合も仕掛けるところはカエーっちょ。一度仲間が罠に掛かるとしばらくは警戒してそのカエーは使わんようになるけれど、罠がなくなればまたそのうちに通る。それほどカエーというのは大事な道よ」

最長老の里さんの役目は、カエーを軸にイノシシの生活痕を調べ、集めた情報から行動を推理することである。たとえば蹄の踏み跡の大きさ、形、数。餌を探すために掘り起こした土や石の状態や鮮度。そして、今の時期は何を好んで食べているか。それらの情報を重ね合わせ、頭数や雌雄の別、大きさ、通った時間、向かっている方向などを確認し、イノシシが今、山のどのあたりにいるか絞り込む。その推理に、現時点の風向きなどの情報を合わせ、犬を放す方向や、どのカエーに射手を配置するかを柔軟に判断する。マグロ船でいえば漁労長のような重責を担うのが狩り者の親方である。

イノシシに果敢に立ち向かった島犬

奄美に生息するイノシシは、本土のイノシシと亜種関係にあるリュウキュウイノシシだ。現在の琉球弧が大陸とつながっていた時代、本州のイノシシとは別ルートで入ってきたと考えられているグループで、奄美以南に分布する。本土のイノシシよりも体がひと回り小さいのが特徴だ。海に閉ざされた厳しい生存環境の中で、一定の個体数を確保し、集団としてのバランスを保とうとした結果の「島嶼化現象」と考えられている。

リュウキュウイノシシの頭蓋骨。体は小柄だが、オスの牙は大きく鋭い。

「リュウキュウイノシシは、メスは大きくても60斤《きん》くらい。オスは100斤ほどで、自分が今まで捕った中でいちばん大きなのは120斤。目方では本土のイノシシの半分ぐらいかね。小さいといってもオスの牙は一人前だから、撃ち損ねて手負いにしたら危ないよ。ものすごい勢いで突きかかってくるから、刃物のような牙にかけられたら大けがをする。犬の腹なんてあっという間に裂かれてしまうね」

奄美の高齢者、とくに猟をする人の間では、今も斤という重さの単位がよく使われる。1斤は600gなので、60斤は36kg、100斤が60kg、120斤のシシなら72kgだ。

現在、シシ猟で人気がある犬。左がプロットハウンドで右がビーグル。

長い猟歴の間に、里さんは幾度となく危険な目に遭い、優秀な犬も失ってきた。近年使っているビーグルやプロットハウンドなどの洋犬は長時間の追跡を得意とし、イノシシとの間合いの取り方も慎重だ。だが、戦前飼っていた在来の島犬

犬を呼び寄せるときだけは、ブラ（ほら貝）を使う。「ププププ」と短く吹く。

は、よくイノシシにやられた。長い追跡はこなせないものの足が速い。追いつくと果敢に立ち向かって噛み止める。優秀だ。しかし、相手が大きなオスの場合、島犬の勇猛さは裏目に出ることがある。幕末に記された『南島雑話』には「島人山猟図」として、半垂れの耳と尾の巻きがゆるい猟犬の絵が残っている。これが里さんのいう島犬かと思われる。

人の気配で足止め・誘導する高等戦術

射手となる仲間が多いときは、イノシシが通りそうな主要なカエーへ確実に人を配置ができるので、捕れる確率が高い。人数が少ないほど賭けの要素が強くなっていく。犬に追われたイノシシがどのカエーを通るかは、そのときになってみなければわからない。最終的には長年の経験からの勘が判断材料になる。

射手が待つマブシは、カエーを見通せるやや高い場所にとる。立ち位置が低いと風が変わったときに人間のにおいがイノシシの方向に流れて警戒されやすい。高い位置で待てば、風が変わってもにおいはイノシシの上を通過していくので気づかれにくい。また、高さのある場所にいれば、撃ち損じて手負いになったイノシシが向かってきても、登り坂で動きが鈍るので、その間に体をかわすことができる。

郵便はがき

おそれいりますが切手をはってお出し下さい

1078668

（受取人）
東京都港区
赤坂郵便局
私書箱第十五号

農文協
http://www.ruralnet.or.jp/
読者カード係 行

◎ このカードは当会の今後の刊行計画及び、新刊等の案内に役だたせていただきたいと思います。　はじめての方は○印を（　）

ご住所　（〒　　－　　） TEL： FAX：	
お名前　男・女　歳	
E-mail：	
ご職業　公務員・会社員・自営業・自由業・主婦・農漁業・教職員（大学・短大・高校・中学・小学・他） 研究生・学生・団体職員・その他（　）	
お勤め先・学校名	日頃ご覧の新聞・雑誌名

※この葉書にお書きいただいた個人情報は、新刊案内や見本誌送付、ご注文品の配送、確認等の連絡のために使用し、その目的以外での利用はいたしません。

● ご感想をインターネット等で紹介させていただく場合がございます。ご了承下さい。

● 送料無料・農文協以外の書籍も注文できる会員制通販書店「田舎の本屋さん」入会募集中！
案内進呈します。　希望□

■毎月抽選で10名様に見本誌を1冊進呈■（ご希望の雑誌名ひとつに○を）

①現代農業　②季刊 地 域　③うかたま　④のらのら

お客様コード □□□□□□□□□□

S11.08

お買あげの本

■ ご購入いただいた書店（　　　　　　書 店）

●本書についてご感想など

●今後の出版物についてのご希望など

この本をお求めの動機	広告を見て (紙・誌名)	書店で見て	書評を見て (紙・誌名)	出版ダイジェストを見て	知人・先生のすすめで	図書館で見て

◇ 新規注文書 ◇

郵送ご希望の場合、送料をご負担いただきます。

購入希望の図書がありましたら、下記へご記入下さい。お支払いは郵便振替でお願いします。

（書名）	（定価）￥	（部数）　部
（書名）	（定価）￥	（部数）　部

仕留めたイノシシに食らいつく犬たち。肉は傷むが、こうさせると猟欲が高まりよい猟犬に成長する。

イノシシが通る確率が最も高いカエーに配置するのは、意外にも熟練の狩り者ではなく初心者や高齢者だ。腕のよい狩り者を常に配置すれば、みんなが肉にありつけることができるだろう。だが、一等地をいつも腕達者に独占させると、初心者が経験を積む機会を奪うことになる。高齢者にとっても出番がなくなり、事実上の引退勧告になってしまう。

「みんな平等。その代わり、逃がしたら初心者だろうが年寄りだろうが容赦はないよ。しばらく仲間からボロカスに言われ続けるね。寄り合いで酒を飲んだときも、いいつまみにされる（笑）。笑われるのは狩り者としていちばんの屈辱じゃから、次こそ当てようと真剣になるわけよ」

射手の数が足りない出猟日には、高等戦術を使う。たとえば射手がひとりで、イノシシが通りそうなカエーは3本に絞られたとする。そのときは、確率の低そうなカエー2本に唾をつけた木の枝を横たえておく。もしそのカエーを選んでも、嗅覚の鋭いイノシシ

この日捕れた20kgほどの獲物。リュウキュウイノシシとしても小型だが肉は柔らかくおいしい。

は人間のにおいを嗅ぎ取ると危険を感じて後戻りする。そして分岐点から別のカエーに向かう行動をとるのだ。道路の迂回であり、唾をつけた枝はいわば通行止めの案内だ。そうした枝を要所要所に置き、射手の待つカエーを確実に通るように誘導するのである。

狙ったカエーに誘い込んだイノシシを撃ちやすくする裏技もある。通行止め作戦よりもうんと少ない量の唾を木の枝につけ、イノシシの足を止めたい場所へ置く。犬を避けて移動しているイノシシが、かすかに感じた妙なにおいに胸騒ぎを覚え、このまま通ろうか、引き返そうかと迷って止まる瞬間を狙うのである。

犬との距離が近いときは、カエーを小走りに逃げてくるイノシシもいる。そんなときは、狙っていた位置に達したときに大声でホウッと叫ぶ。警戒心の強いイノシシは異変を感じて立ち止まり、首を左右に動かして安全確認をする習性があるので、その間に引き金を引くのだ。

獲物は公平に分配、山神様を拝んで出猟

奄美において、狩猟は楽しみや獣害防除のほかに、もうひとつの役割を持つ。共同体員としての結束固めだ。どの地域の集団狩猟にも出猟時の役割や獲物の分配を公平化するさまざまな約束事があるが、奄美でも古い習俗に基づくと思われる独特な分け方が守られている。たとえば、一発でイノシシを撃ち取った最大の功労者は、頭と尻（腿《もも》）の肉、4本の蹄部分がもらえる。弾が当たったもののイノシシは倒れず、別な狩り者が止め矢を放ってとどめを刺したときは、最初に当てた者に頭を、倒した者に尻（腿）の肉が与えられる。

初陣を飾った若い狩り者には特別な権利がある。頭と枝肉1枚、つまり半身をまるごともらえるのである。犬を連れて行った犬引きには骨盤を、仕留めたイノシシを担いで運び出した勢子にはアバラまわりの肉をひと切れ分けるのも習わしだ。残りを、働きの多寡を問わず参加者全員で分ける。陰の功労者である犬たちにも分け前がある。人が食べない内臓や骨だ。

なんと運び出しや解体を見物に来た人にも肉を分ける習慣があるそうで、この日は私たちも頭数に入っていた。貢献に対する報奨や祝儀性を取り入れるとともに、分配の透明性も確保する。そこには、仲間意識を確認し、次の活動意欲につなげる調整の知恵を見ることができる。

功労者に与えられる頭や蹄は、勲章的な意味合いが強い。獲物の頭は、昔は榊《さかき》や線香とともに盆にのせ神棚に供えたそうである。戦後はそういう習慣も廃れ、分配方法の中に名残がある程度だ。里さんの家の神棚の隣には地元の山神様も勧請《かんじょう》されている。正五九、すなわち旧暦の1月、5月、9月

山神様。出猟前に必ず手を合わせ、供えた塩、昆布、米を口に含む。

の各16日には、塩や昆布を供えることを欠かさない。正五九の16日は山の神様が猟をする日で、人は山へ入ってはいけないとされた。山神は従えた犬たちに「一白、二赤、三黒、四虎」と大声で呼びかけ、イノシシにけしかけるという言い伝えがある。

猟に出る日も、里さんはこの山神様を拝む。そして、塩、昆布、加計呂麻島の神社から授かってきたコメを口に含んでから出支度をする。塩と昆布は豊猟祈願、神社のコメは昔から地域に伝わるハブ除けの供物である。とはいうものの、里さんは今までハブに3回打たれている。いずれも後遺症は残らなかったというが、それでも懲りずに山へ入るのだから恐れ入る。

近年は有害駆除の出動で暖かい時期にもイノシシを追うようになったので、ハブと遭遇する危険が昔より増えた。多いのは猟犬の事故で、のどが渇いて河原へ降りたときにカエルを狙って水辺に来ているハブに打たれることが多いそうである。出猟前の祈りには、豊猟もさることながら無事安全の願いが強く込められている。

「山の神様を拝んだあとは、今日はたくさん撃ってくるとまわりに触れ回る。ヤマウーバといって、山へ猟に入るときはどれだけ大きなことを吹いて回ってもかまわん。そのほうがシシは捕れると昔から言ってね。反対に海の漁はイショムツカといって、人に黙って出かけたほうが獲物があるといわれ

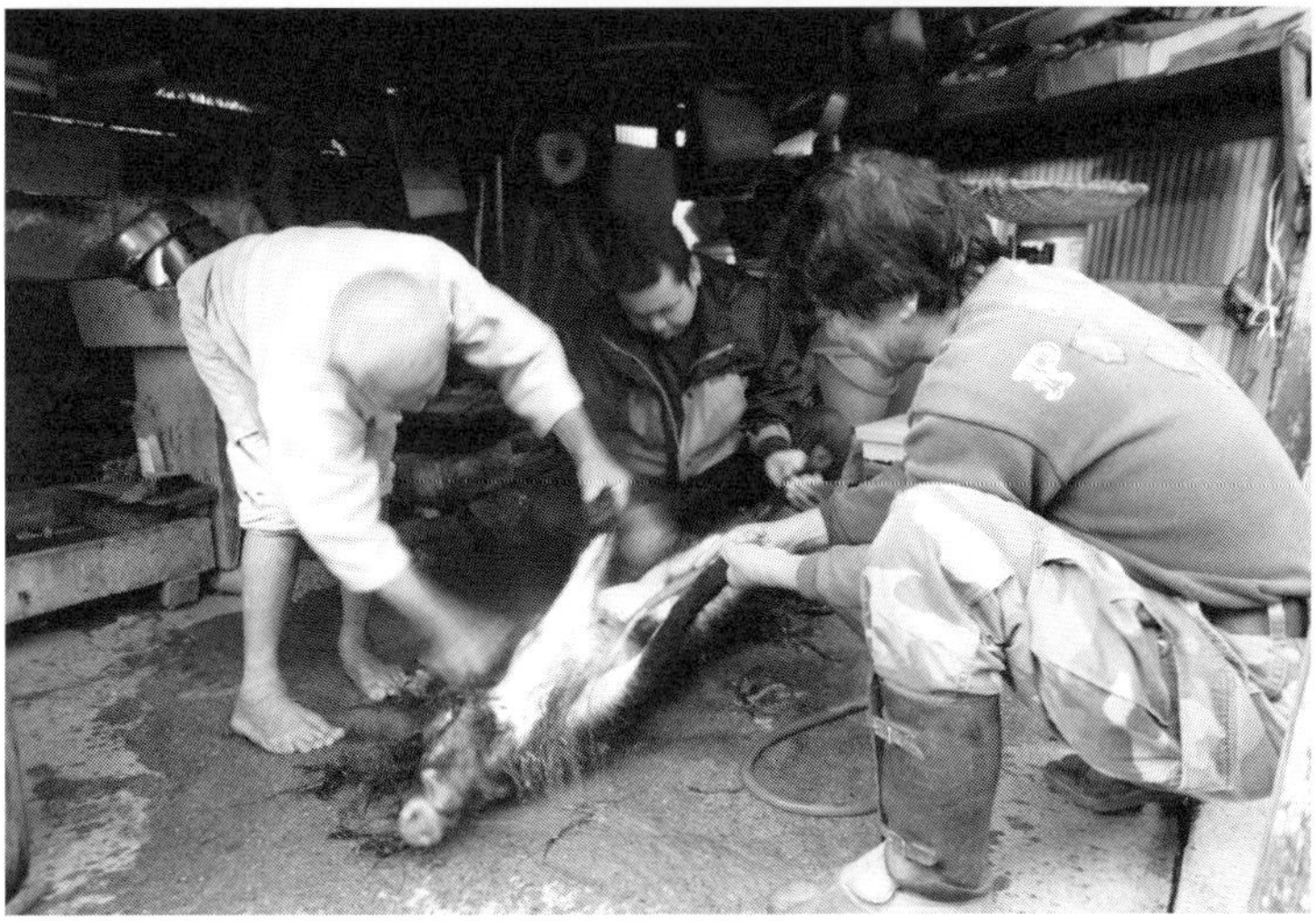

熱湯をかけて、抜きやすくなったイノシシの毛を包丁でこそげ落とす。

る。まあ、こういうものは運と腕だから実際は関係ないけどやあ、神棚を拝まず猟に出たということはないね」

獲物の頭はいつしか供えなくなったが、祈りだけは今も欠かさない。

仕留めたイノシシは、全身に熱湯をかけて毛を抜く。奄美では

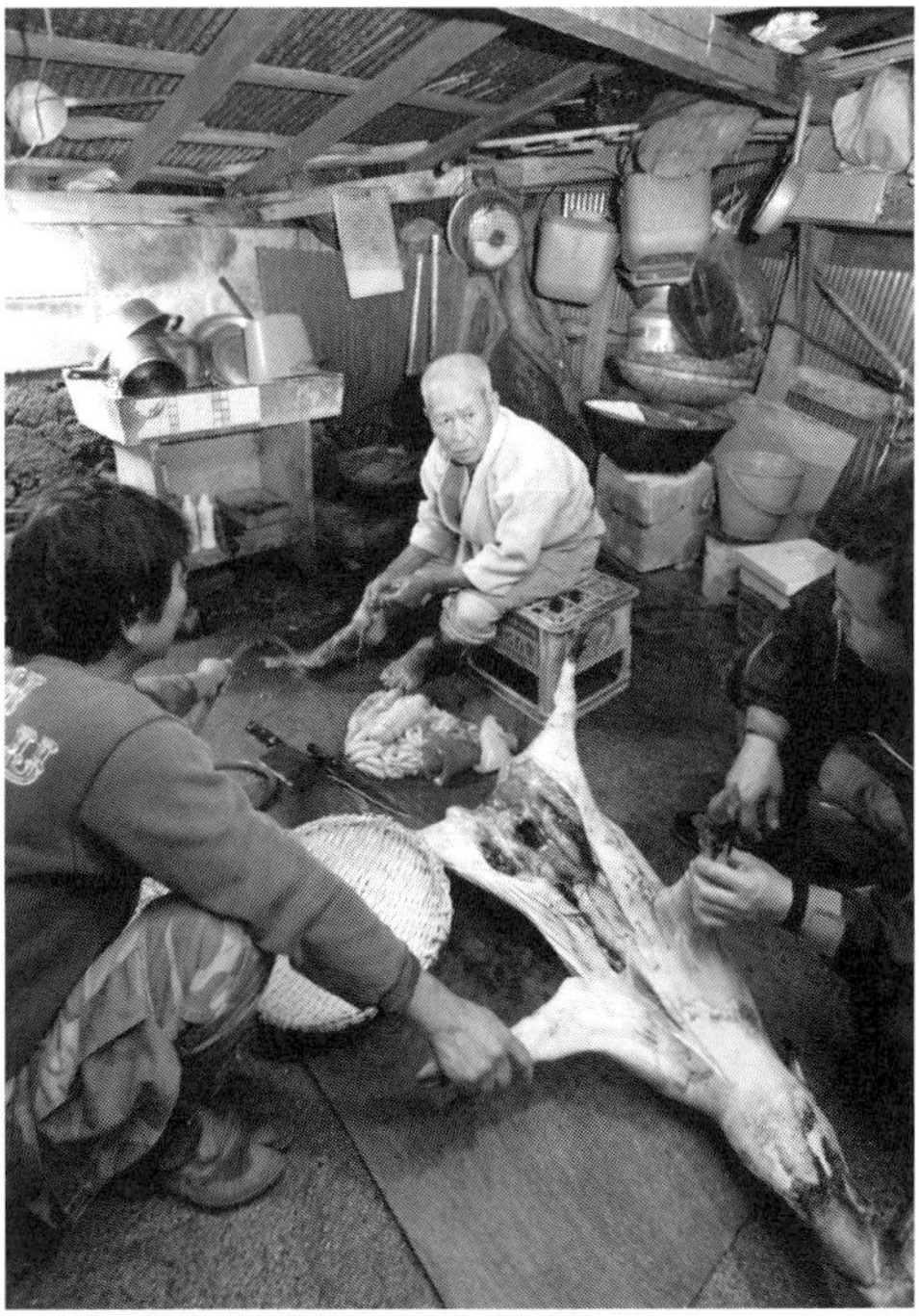

手際よく解体する里さん。胃袋の中は白いシイの実でいっぱい。

獲物は、狩りの場にいた全員に公平に分けられる。もちろん手柄を立てた人の名誉、人一倍働いた人の功績は勘案される。

奄美ではイノシシの皮を珍重し、皮付きのまま料理する。

豚もイノシシも皮ごと食べる。というより、皮のゼラチン質はいちばんのごちそうだ。熱湯をかけたら包丁や菊目石（サンゴ）で毛をこそげ落とす。獲物が小さい場合、最近はバーナーで焼いてしまう。心臓や肝臓も人気のある部位で、昔は血や腸も料理し捨てるところがなかったそうだ。

現在の衛生学の常識では絶対的なタブーだが、奄美には昔からイノシシの生肝を食べる習慣がある。里さんも愛好者で、とれたての肝の刺身は歯切れがよく、とても甘いと相好《そうごう》を崩す。本土から来た客はみな寄生虫の危険性を忠告するが「地元では生のシシを食べてどうかなったという者などひとりもおらん」と、どこ吹く風だ。

毛の処理が終わると、里さんはイノシシにまたがるように立ち、のど元に突き立てた肉切り包丁を一気に切り下げた。内臓を取り出すと頸部《けい》の関節を切って頭を外し、あっという間にいくつかの肉塊に分けてしまった。この道七十余年の経験がなせる鮮やかな仕事である。分配の下準備が終わった里さんは、肝臓の横で藍色に光って

分配が終われば宴会。酒が回るにつれ、武勇伝や自慢話に花が咲く。

シシ肉は塩焼きがいちばんだという。驚いたことに肝臓を刺身で食べる。「これがいちばんうまい。この島では、生肝食べて寄生虫にやられたという話は一度も聞いたことがないよ」と里さん。

いる小さな臓器を見せてくれた。

「シシの胆（胆嚢《たんのう》）よ。わしの元気の秘密は……」

言い終わらないうちに、高々とつまみ上げたその胆を、つるりと呑み込んだ。

〔2007年取材〕

夜いざり

大潮の夜、獲物をランプで照らし、突く

夜の海に点々と浮かぶイカ釣り船の灯りを漁火という。かつては漁をすることを「いさる」といった。潮の引いた海辺で魚介類をとる行楽は潮干狩りと呼ぶのが一般的だが、奄美では「いざり」、あるいは「いさり」という。周囲を海に囲まれた奄美では、この浜遊びが盛んだ。昼に潮が大きく引く春は昼いざりと呼ばれる。小さな巻き貝を拾ったり、サンゴ礁の間に隠れているタコを突いてご飯のおかずや晩酌の肴にする。ウニの解禁日になると浜へ繰り出す家族連れで、奄美の海は本州の人気海水浴場のような賑わいになる。

夜に大潮の干潮が来る冬場は、夜いざりの時期である。暗い浜で獲物を探すには照明がいる。船の漁火はイカや魚を水面近くに呼び集めるための灯りだが、夜いざりの灯りは探索用の光源だ。夜は魚たちも寝ていることが多い。夜中に大きく潮が引く冬は、昼いざりの時期には出会えないような大物が浅場にじっとしていることがある。

仲間とわいわい楽しむ遊山的な昼いざりに対し、ランプが照らし出す小さな空間に目を凝らし続け

最も潮が引く冬の真夜中、島の海岸に幻想的な漁火が灯る。

なければならない夜いざりは孤独な遊びである。時間も深夜に及ぶので、行楽というよりは漁そのものだ。

　現在、光源にはヘッドライトやブタンガスのトーチが使われるが、ひと昔前はアセチレンガスのカーバイドランプだった。もっと昔は松明《たいまつ》で、樹脂の多いリュウキュウマツの根や節を割り、鉄の籠の中で灯した。かがり火である。闇の中で行なう夜いざりはそれなりに危険も伴うが、大物との遭遇率が高いことから子供たちに人気があった。父親や祖父が鉈でリュウキュウマツを割っていれば、それは近々夜いざりに出るという合図であり、腕白小僧たちは、今日か明日かと期待に胸を膨らませたものだったという。

　住用町の元武光さんは、今ではすっかり珍しくなったカーバイドランプ派である。この灯器のしく

潮が引いた夜のサンゴ礁でコブシメを仕留めた元さん。「小さい、小さい。昔はもっと大きなのがおったけどね」

アセチレンのカーバイドランプにこだわる。鉱石状のカーバイドに水を滴らせると、燃料のガスが発生する。

みは簡単だ。本体上部の仕切りに水を入れると、下の空間に入れた白い鉱物状のカーバイドに水滴が少しずつ落ちる。すると化学反応が起きてアセチレンガスが発生する。充満したガスはノズルに導かれ、火をつけると白い光があたりを照らす。カーバイドランプはかつて炭鉱などで活躍した、オイルランプの次に登場した灯器だが、乾電池が登場すると労働現場からの需要は消えた。今はわずかに夜釣りに使われる程度だ。その数少ない用途の釣りも、今はカートリッジ式のガストーチや電池式のラ

アセチレンガスの光は力強い。海中によく届くので獲物を探しやすい。ただし、見る場所は必ず光の弱い周縁部。

ンタン、あるいはLEDライトに変わり、カーバイドランプは民俗資料のような存在になりつつある。元さんは言う。

「この白い光がいちばん水を通すね。獲物を見つけやすい。交換式のガスは値段が高い。電池式は灯りが弱い。最近の新しい灯り（LED）は光の通りはよいけれど、意外に水の中の魚を見つけにくい。やっぱりカーバイドランプがいちばんっちょ。なによりいいのは風に強いこと。もし消えてもガスが出ていれば、またすぐ火が付く。水がなくなってしまってガスの出が弱ったら、海の水をそのまま入れたらいい」

どこへ行くにも欠かさない愛用のティル（籠）を背負い、左手にカーバイドランプ、右手にヤスを引っ提げ、元さんは潮が引き始めた夜の磯を歩いて行く。遠くを見ると、あちこちで同じような光が揺れている。夜いざりに来た人たちが描き出す漁火だ。灯りと灯りの間隔は、まるで申し合わせたように均等である。人が歩いた後を探しても効率が悪い。万事に賑やかな昼いざりと違い、夜いざりは静かな遊びだ。挨拶をしたところで暗くて顔がわからないから、あえて近寄って声かけもしない。聞こえるのは、アセチレンガスが燃える音とサンゴ礁を洗う波の音だけである。

元さんは歩みを止め、右手のヤスを逆に構え直した。そのままネコが獲物を狙うように身をかがめて手を伸ばす。次の瞬間には、ゴムの力で手先からヤスが飛び出していた。頭上にかざされたのは、食べごろの大きさの甲イカだった。

「コブシメという種類じゃね。これくらいはまだ赤ちゃんっちょ。大きなものになると10斤（6kg）もあるよ。夜はサンゴと同じように白くなってじっとしてるけど、光が当たると後ろに必ず影が出るから、うまく隠れているつもりでもわかるね」

ただし、いきなり光を当てるとすぐ異変に気づき、猛ダッシュで逃げてしまう。元さんが常に見ているのは光の輪郭部だ。暗い水中が微かに見える外側で獲物を見つけておかないと、ヤスを発射するのがワンテンポ遅れて逃げられやすくなる。

かつてはイセエビ、ブダイも捕れた

夜いざりは秋分の日を境に始まる。毒蛇のハブを捕まえて収入の足しにしていた時代、元さんは海沿いの山に入るときにハブの捕獲棒と一緒にヤスも携えた。潮位が高い時間はハブ捕りに専念し、潮が十分に引いたらいざりをするのである。昔はサンゴの上によくイセエビが寝ていて、手づかみして持ち帰ると周囲に喜ばれた。岩の間に巨大なイラブチ（ブダイ）が寝ているところにも何度も遭遇している。細いヤスだと突いた瞬間に暴れて柄が折られる。サンゴに押し付けるようにしながら小脇に抱え上げたまではよいが、あまりにも大きく背中のティルから尾がはみ出し、重さで紐が肩へ食い込んだ。

初冬の長雨が訪れ、コーガン（モクズガニ）が山奥の谷から海へ下がり始めると、河口近くの磯に

夜いざりは女性にも人気がある。本格装備に身を固めた女性が熱心に貝やタコを探していた。

タコが姿を現わす。このタコも夜いざりの楽しみだった。

「タコはコーガンが大好物。山から降りてくるのを知っているんじゃや。時期になるとなんぼでも突けたし、磯がタコの食べ散らかしたコーガンの甲羅で真っ白になっておったっちょ」

最近、河口近くの磯は狙わなくなった。獲物がいないのだという。

「コーガンが昔ほど降りて来んようになったら、タコも寄って来んようになったやあ」

サンゴが生きているエリアも縮小し、いざりの獲物全般が少なくなっている。全国的に見ればまだまだ自然度の高い奄美だが、生物の密度は年々低下の一途をたどっているようだ。島の人の価値観や時間の使い方も様変わりし、夜いざりを楽しむ人も減っている。乱獲による資源枯渇は問題だが、このような習慣が衰退してしまうことは寂しい。

私たち日本人は、海に養われてきたといっても過言ではない。縄文時代の人々は、海を見下ろす高台に集落を構えた。その斜面に捨てられた貝殻の種類や圧倒的な堆積量を見ると意外に美食家で、今の私たちが想像しがちな辛い、あるいは遅れた生活でもなかったようだ。そしてそのころ、人間はまだ生態系の中にしっかりと組み込まれており、自然に対してそれほど圧迫を加えていなかった。

人間が、生存の大前提である「持続可能性」の外側へ飛び出したのは、たかだか半世紀ほど前のことである。近代化という合言葉のもとに、造成効率がよい干潟や浜のような浅場

深夜零時近くに会ったファミリー。潮がよいので磯に出てみたという。

籠の中には大きなアバス（イシガキフグ）とタコ、スイジガイが入っていた。

は次々と埋め立てられ、工場や港湾用地となった。海は急速に汚れ、暮らしの基盤であった幸を失い、海を敬う心も忘れられていった。

潮の引いた広大な磯や干潟で、太古の人々のように自由に魚介を捕ることは、今やこのうえないぜいたくになってしまった。都市近郊の海では、養殖アサリを事前に撒き、拾った量に応じて買い取る釣り堀のようなシステムの潮干狩りまでである。そんな話を元さんにすると「はげー」と叫んで、目をまん丸にした。

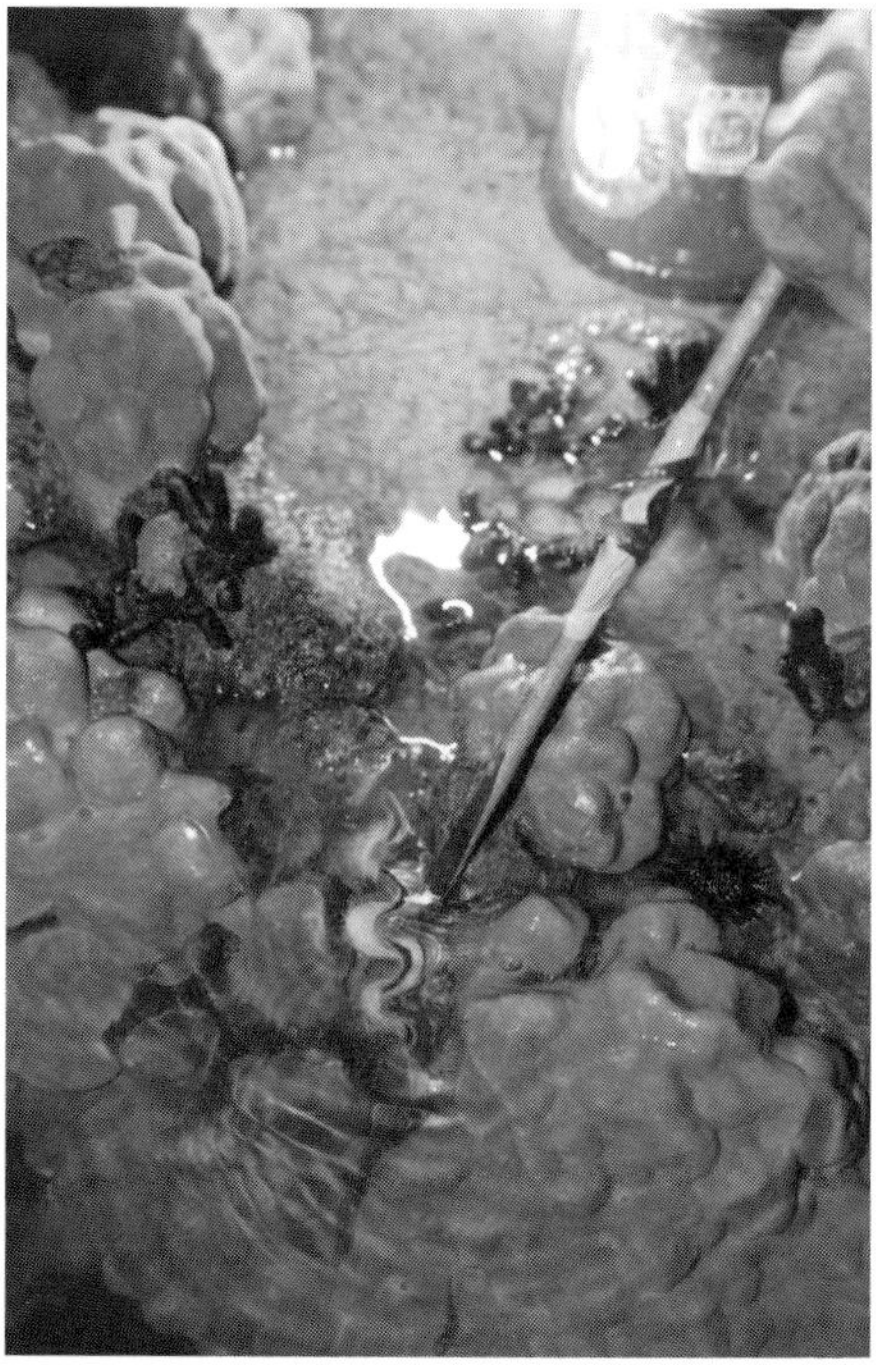

サンゴ礁の間には、石灰質を溶かしてヒメシャコガイが入り込んでいる。

取り出したヒメシャコガイ。殻の大きさの割に身は少ないが、美味だ。

2杯目のコブシメは一発で急所に命中。ヤスは獲物に大きな傷がつかないようモドリがない。抜けやすいので刺したら間髪入れず高く掲げる。

老若男女が浜に繰り出す「サンガツサンチ」

奄美の人たちは、総じて海へ出ることが好きだ。というより、海や月や潮汐の周期を大切にしている。たとえば春の始まりとされるサンガツサンチ、すなわち旧暦の3月3日は、女児をもうけた家にとっては重要な意味を持つ日である。初節句に足を海につけた子供は丈夫に育つといわれ、娘を持つ親は必ずこの日に浜へ連れて出た。こうした行事を浜降《はまお》れという。

潮汐の周期、すなわち月の満ち欠けは女性の生理とほぼ同じリズムを持っている。今では偶然の結果に過ぎないという見解が主流だが、生理を月経、月経を初めて迎えることを初潮と呼ぶように、昔から月や海の様子が変化する周期になぞらえられてきた。初節句の女児の足を海に浸す奄美の習慣も、そのひとつである。

このように、奄美には旧暦の文化が今もさまざまな形で息づく。サンガツサンチは女児の節句だが、「サンガツサンチに海へ入らないとカラスになる」という言い伝えも存在する。つまり、女児だけでなく誰もが潮に浸るべき日として定められていた。実際、サンガツサンチは昼いざりの実質的な口開けとなっていて、老若男女が浜へ繰り出す行楽日と位置づけられている。地域によっては学校も休日になり、みんなで浜遊びを楽しむ。

ゴガツゴンチ（5月5日）の浜降れもある。男児の節句で、こちらは旧暦どおりではない。現代の社会状況が反映され、旧暦の5月5日に近い日曜日に行なわれる。午前中に清掃と豊作を祈る虫送りなどの共同行事をした後、こぞって浜へ出て船漕ぎ競争や、歌、踊りなどを楽しむ。『南島雑話』によると、幕末には馬比べ（草競馬）や闘牛も行なわれるなど、かなり盛大な祝祭であったようだ。ゴガツゴンチは、浜にテントを設《しつら》え、カラオケ大会や子供会の発表などと合体しながら、今も地域行事として受け継がれている。

サンガツサンチは家ごとのささやかな行事で、ゴガツゴンチは集落を挙げての祭り。性格の違いはあるものの、場所が海岸であることが共通する。本州にも浜降れと呼ばれる儀式がある。湘南・茅ヶ崎の夏の風物詩である濱降祭《はまおりさい》は、神輿《みこし》を早朝の海へ入れ、潮で禊《みそぎ》をする。茨城県北部には、72年に一度、山奥の神社の御神体を大行列で海まで運ぶ磯出大祭がある。田楽を舞いながら、3日がかりで歩く壮大な行事で、浜に到着した御神体は深夜に潮で清められ、再び山の社まで帰っていく。

古来、海は神聖な場所であり、これら儀式の背景にある精神性も海を介して運ばれたものである。近代化以前の文物や情報の行き来を現代の通信システムになぞらえると、陸路は固定の電話回線で、船を使う海路は高速ブロードバンドだ。海は幸を恵んでくれるだけでなく、人が生きるうえで欠かせないさまざまな情報をもたらしてくれる偉大な伝達装置でもあった。奄美をはじめ全国各地に残る浜降れ行事は、昔の人たちが常にまなざしを向けていた方向が海であったことを物語る。

自然とともに暮らす元武光さんの生活暦も、月の周期と潮汐の変動で刻まれた旧暦だ。たとえば次のいざりの好適日や最適な時間は、頭の中で瞬時に割り出される。元さんは学歴がなく、新聞や本を読むことも苦手である。しかし、月の位置や満ち欠けを見て潮汐を計算することや、その応用——魚やイカ、タコの裏をかいて捕まえること——に関しては卓越した能力を持っている。

いただいたソーラ（カマスサワラ）もぶつ切りの刺身に。

昼のいざりではなかなか捕れない獲物が、夜いざりでは比較的簡単に捕れる。翌日の食卓も豪華に。

畑の縁に生えるクマタケランの葉を皿代わりに刺身を盛り付けたら、リゾートホテルでも味わえない華麗な一品になった。

この夜に捕れた小さなコブシメとヒメシャコガイは、翌日の昼、ご近所の銛《もり》突き漁師からいただいたソーラ（カマスサワラ）とともに刺身になった。コブシメの足や内臓は島の長寿食でもある墨汁《すみじる》にされた。台所兼用の居間には自分で育てた野菜の煮物や、到来物の漬物などが所狭しと並び、土間にはカボチャ、巨大なトウガンがごろごろと転がる。テーブルの笊には、色とりどりの島の果物がこぼれんばかりに盛られている。こんな豊かな食卓はそうあるものではない。

元さんという人の人間力や暮らしを見るたびに、現代人が忘れ去った、いや、捨て去ってしまったものの価値について振り返らずにはいられない。

〔2007年取材〕

コブシメの墨と内臓、足を煮た墨汁（すみじる）。味付けは塩だけだがこくがある。

コブシメの墨汁を食べながら、黒くなった歯を見せおどける元さん。

Column

ソーラ突き

奄美でソーラと呼ばれる魚は、カマスサワラ。鋭い歯が口いっぱいに並ぶ、体長2mに達する肉食魚だ。奄美周辺には、この獰猛《どうもう》な魚の習性を利用した銛《もり》漁「ソーラ突き」がある。主役となる道具はソラジチという疑似餌だ。紡錘形で長さ30cmほど。素材は濡れると縞目模様が浮き出るヒトツバ（イヌマキ）。トビウオを模したものだが、ハリはついていない。3mほどの竹竿に糸を介して結んだら、エンジンを止めた船（サバニ）の舳先《へさき》から海面に投げ入れ、弱ったトビウオがもがいているように、竿で8の字を描いて動かし続ける。

やがて、深い海底からソーラがソラジチを襲いに浮いてくる。左手で竿を操りながら右手に銛を取り、獲物が射程に入ったところで両手で打ち込む。素朴ながらも勇壮な漁だ。

もうひとつ個性的な道具がある。袋と呼ばれる疑似餌だ。長さ1・5mと巨大。布製で魚の形をした袋になっている。模しているのは餌ではなくソーラ。つまり仲間がいると思わせ、水面まで寄ってきたところを突く。

ソーラ（カマスサワラ）。通年捕れるが、味がよいのは脂の乗った冬のもの。20kgぐらいのものならごく普通に捕れる。

栄唯一さん。大工をしながら農漁業に従事。伝統漁法・ソーラ突きの数少ない実践者。手に持つのは、カマスサワラに仲間と思い込ませて誘う「袋」。カーテンの生地で手作り。

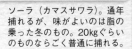

ソーラ突きに適した小船は波に弱い。天候に恵まれても、突き漁に向く潮回りはもともと限られる。漁としての効率を考えると根魚《ねざかな》や中型の回遊魚を釣りで狙うほうがよいが「水面におびき寄せるまでのかけひきと、トゥギヤ（銛）を打ち込んでからのやりとりがたまらない」と、この道60年の栄《さかえ》唯一《ただいち》さん（1930年生まれ、住用町）は語る。〔2007年取材〕

木と牛の角でトビウオに似せた疑似餌の「ソラジチ」。

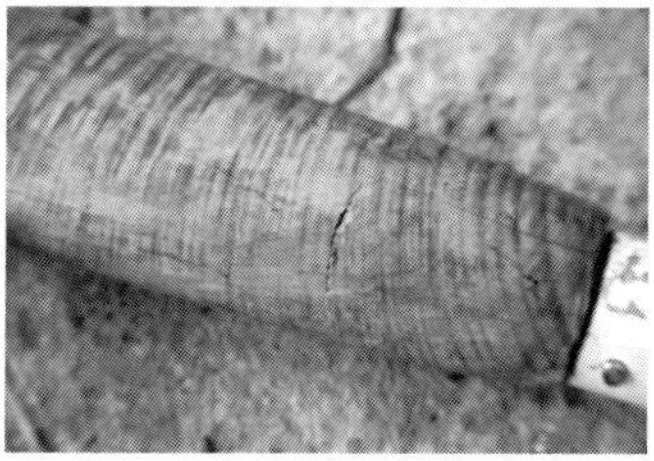

ソーラの歯は鋭い。噛まれると硬いソラジチにも穴が開く。

乗り台の上で、足を踏ん張りサバニの揺れを押さえながらソーラを誘う栄さん。銛は刺さると柄から外れ、仕留めるまではワイヤー付きのロープを引っ張って駆け引きをする。

ナリ味噌

救荒食だったソテツの実「ナリ」

今でこそ耕作放棄地が目立つようになった奄美だが、ひと昔前まで人里で遊んでいるような土地は1坪もなかった。水が溜まる湿潤な土地は水田に。乾地も隅々まで耕され、各種の野菜やサツマイモ、雑穀、果樹、サトウキビが植えられた。土があれば、とにかく有用植物を植える。もはや耕地として利用できないほどの傾斜地に植えられていたのは、繊維を採るバショウである。さらに昔の人たちは、強い海風が吹きつけ岩が露出した崖さえも見逃さなかった。そこに植えられたのは塩害と乾燥に強いソテツだ。北部の龍郷付近には今も山一面がソテツに覆われている地区がある。

南国情緒を演出する庭木として、ソテツは本土では昔から人気のある植物だ。明治から戦前にかけ、独特の形をしたソテツの葉は欧米でインテリア素材として評判を呼び、外貨を稼いでいたそうである。ソテツの葉は窒素・リン酸・カリの三大栄養素をバランスよく含み、腐植質としても優れていることから、サトウキビやサツマイモの緑肥として畑にすき込まれたこともある。しかし、それらは副次的な利用だ。奄美の人たちがソテツを育ててきたもっぱらの理由は、食料不足に対する備えだっ

ソテツの群落。海に面した急斜面などに植えられた。防風や土壌流失を防ぐ役割もある。養分の多い葉は肥料にも活用された。

ソテツの実。飢饉のとき主食代わりになった。

た。

奄美や沖縄は台風の通り道で、暴風雨による被害を受けやすい土地であることはよく知られている。晴天の日が続けば続いたで、今度は旱魃《かんばつ》に見舞われ作物が枯れる。本土から遠く離れた島であるがゆえに、昔は救援の手も届きにくかった。『南島雑話』は、幕末の奄美のこうした食事情を次のように記す。

〈此島米少ければ、甘藷を多く植て第一の常食とす。甘藷不足にして実入り悪しければ島中一統の事にて、其時は蘇鉄《そてつ》を上食として、其外、木の実、草の葉、海藻類を食ふ〉

凶歳、飢饉となれば蘇鉄を食す、という記述も見られる。甘藷、すなわちサツマイモまでは平生の主食だが、旱魃に強い甘藷さえも収穫不足の年、つまり飢饉のときにはソテツが主食代わりになってきたというのである。事情は南隣の沖縄も同じで、島の飢饉は蘇鉄地獄とも呼ばれた。凶作年の農民の暮らしを詠んだ、次のような詩がある。

〈娘ふたり　廓《くるわ》に売りて　山畑の　段々はたけを　命か

け耕す翁　いもさえも　実らぬゆえに　蘇鉄食ひ　酒を夢みつ　月かげの　さびしき山家　死の如く
寄り添ふ妻の　老の身に　涙さえなし〉

娘をふたり売っても暮らしは楽にならず、ソテツ（のおそらくは粥）で空腹をしのぎ、かつて楽しんだ酒の味を思い出しながら、やつれきった老妻と暮らしているという。無名の詩人の作だそうだが、なんとも凄絶な内容ではないか。詠まれた時期は、世界恐慌の打撃で経済が大混乱し、北日本では深刻な冷害が起こった昭和初期のころらしい。一時は砂糖が大当たりして潤った沖縄も、度重なる価格暴落で県内経済は混乱し、打つ手がなかった。そこへ襲ったのが世界恐慌と天候不順だった。

奄美・沖縄の人たちにとって最も記憶に新しい蘇鉄地獄は、太平洋戦争のさなかと終戦直後である。沖縄は激戦地となり、奄美も絶えず敵襲の緊張にさらされた。制空権を米軍に奪われていたため、本土からの物資輸送も断たれていた。奄美では大事な種籾《たねもみ》に手を付けた人も多く、戦時中は田植えも消えたという。高齢者の中には、先祖が植えてくれたソテツのおかげで生き長らえることができたと証言する人も多く残る。笠利町の川《かわ》原《はら》ナオ子さん（１９３３年生まれ）もそのひとりだ。

川原ナオ子さん。夫の俊幸さんと農漁業を営む。ナリ味噌（ソテツ味噌）作りの継承者。

裸子植物のソテツは、もともと九州以南の海岸域に自生する常緑低木だが、いつのころからか半栽培的に利用されるようになった。晩秋になるとピンポン玉を押しつぶしたような形の鮮やかな橙色の実をつける。よく目立つので学校の運動会の玉入れ競技に利用されたこともあるそうだ。蘇鉄地獄のときに役立ったのは、この赤い実の中にある白い仁《じん》（胚珠）で、奄美ではナリと呼ばれている。

水に晒《さら》して仁の毒を抜く

粒の大きなナリの中には澱粉が豊富に含まれている。しかし、シイの実のように主食を補う糧として利用されることはなかった。サイカシンという有毒成分が含まれているからである。ただし、この毒は水によく晒せば除去できる。わずかに残った程度なら、その後の天日乾燥や、利用時の発酵（味噌）によっても分解するようだ。

毒抜きしたナリは、粉に挽いておけばいざというときの蓄えになる。ソテツは幹の中にも澱粉を含んでいる。食料事情がいよいよ悪化すると、島の人たちは実をつけない雄木を伐り倒して繊維の間に貯まっている澱粉を採った。毒抜きしたナリは、非常時の備蓄だけでなく味噌の増量材として普段からも使われた。奄美の地味噌は、オオムギ、ダイズ、サツマイモにソテツの実を加えたもので、ソテツの量をかなり入れることからナリ味噌とも呼ばれる。ナリ味噌は奄美の料理文化を下支えしてきた土台であり、その素朴な味を懐かしむ人は今も少なくない。

毎年味噌に仕込むことによって、毒抜きや加工の技術が伝承されてきた。ナリ味噌作りは危機に備える優れた訓練にもなってきたわけである。知識だけでは困難を乗り越えられない。いざというとき

ソテツには雄木と雌木があり、実のなるのは雌木で、実は頭頂部につく。隔年結果で、翌年は同じ場所に葉が出る。

命を救うのは経験に裏打ちされた知恵である。川原さんは言う。

「わが家では、私が嫁いできてからナリ味噌をきらしたことは一度もありませんよ。主人があまり好きじゃないので今は作らないけれど、ナリの粥も私は好きですよ。ナリガイといいますがね。ナリ味噌は実家の母に教わったやり方で、この家にきてからも作り続けています。今どきナリ味噌を仕込む理由はふたつあります。ひとつは、ここの家のおじいさん、おばあさんが代々残してくれたソテツが山にたくさんあって、毎年実るナリがもったいないから。もうひとつの理由は、ナリは私にとって思い出深い食べ物だからです」

川原さんは、小学3年のときの3月、グラマンの戦闘機に狙い撃ちされた経験がある。昼いざり（潮干狩り）に好適な大潮に近い日だった。突然、山向こうから米軍のグラマン機が低空で飛んできた。パイロットは、サンゴの海でその日に食べる糧を探していた女子供や年寄りに向かって機銃の引き金を引いたのである。

「深みに潜って、鼻から上だけ出してじっとしていました。サングラスをかけたアメリカ人の顔は今でも目に浮かびます。3回旋回して撃ちに来ました。あんまり怖かったので、最後はサンゴの上を裸足で走って逃げました」

ナリの粥で飢えをしのいでいた当時の記憶は、恐怖体験と対になって川原さんの脳裏に強く焼き付いている。

手を抜けば、吐き気、腹痛、下痢、頭痛

大工に作ってもらったナリ切り。藁切り（押し切り）の刃を転用したもの。

集めたナリは、藁切りを改造した押し切りでひとつずつ半割りする。中の白い仁を取り出し、そのまま水を張った器の中へ入れる。毎日水を変えながら丸1週間晒すと、毒はきれいに抜け、安心して食べられるようになるという。

澱粉を多く含みながらも、有毒成分や強いえぐみを持つため常食されず、もっぱら飢饉の備えとして利用されてきた植物はソテツの

ふたつに切ったナリは、２日ほど日光に晒すと中の仁が縮んで橙色の皮から離脱する。

ほかにもある。たとえば、秋の彼岸のころに田の畦や土手で赤い花を咲かせるヒガンバナだ。ヒガンバナは稲作とともに日本に持ち込まれた植物である。球根に含まれる毒（アルカロイド）や鮮やかな赤い花色が、埋葬者をオオカミや魔物から守ってくれると信じられ、墓の周囲にも盛んに植えられた。球根を砕いて壁土に練り込むとネズミが食い破らないという伝承もある。普段は毒草扱いだが、食べる物に困窮した際は、球根を搗き潰して澱粉が取り出された。

ヒガンバナの掘りごろは球根が休眠期に入る春だ。四国の山間部ではモモの花が咲くのを目安にした。この時期の球根はワラビ根と同じぐらいの澱粉を含む。毒は搗き砕いて澱粉を水の中に絞り出す過程で洗い流される。4〜5日晒せば食べられるようになるという。球根を灰汁で煮てから晒して毒を処理する方法もあった。煮沸法は澱粉が加熱され発酵しやすいため、これで焼酎を作った地域もあった。ヒガンバナの焼酎はヤブチュウと呼ばれ、たいそう味のよいものだったという。

ヒガンバナと同属のキツネノカミソリも利用された。宮崎県の椎葉《しいば》ではオオシと呼び、ひもじいときは球根から採った澱粉を餅にして食べた。毒はヒガンバナと同じ方法で抜いた。伊豆の八丈島などでは、シマテンナンショウ（サトイモ科）の根塊が食べられた。この根塊には細かい針状結晶のシュウ酸カルシウムが含まれ、口にするとえぐみとともに粘膜を刺すような刺激がある。とくにえぐみが強いのは表皮部分で、厚めに剥き取り、茹でて潰して餅状に丸める。八丈島ではヘンゴ餅と呼び、き

毎日水を替えて１週間晒し、毒を抜く。札に仕上がり予定日が書いてある。

毒抜きを終えたナリは、金網の上で干し、天日の力でしっかり乾燥させる。

完全に干し上がると、象牙色になる。硬さもコーヒー豆のように。

な粉やゴマをつけて食べた。ヨモギを加えて草餅にする家もあった。

どれだけ加工と調理に工夫をしても、ヘンゴのえぐみと刺激は覆い隠すことはできず、飲み込むようにして食べたものだという。伊豆の島々では、太平洋戦争の末期から終戦直後の食糧難の時代、ヘンゴ餅がよく食された。

あくの強いトチの実やトコロ（オニドコロ）の根茎も、山国では代用食や非常食的に利用されてきた。灰と湯の熱を使い、サポニンなどの苦み成分を減らして食べやすくした。ほろ苦いトチの実を搗き込んだ茶色い餅が名物になっている地域もあるが、元来はどこでも、米麦を補う「糧もの」であり救荒食だった。

ソテツに含まれるサイカシンの有毒性は猛毒といってよいレベルだ。戦前は白い仁を取り出した後の赤い果皮を食べた牛が中毒死した例がある。ナリの調製に通じた川原さんも、一度だけ毒にあたってしまったことがある。

「戦争のさなかじゃったね。普通は水の上に泡が出なくなるまで毎日2回水を替え、ぴったり1週間晒すのだけれど、ちょっと手を抜いたのよ。昔から泡が出なくなれば毒は抜けきるといわれておったのだけど、ひもじかったものだから残り数日が待てなかったのね。まあ、これだけ晒せばあたることはないだろうと早めに引き上げて臼で搗いた。どろどろになったナリを布で濾して、その澱粉を煮て冷まして豆腐のようにしたの。みんなおいしい、おいしいと言いながら食べたのだけど、2時間ぐらいたったらいきなり吐き気がして、腹痛と下痢が襲ってきた。頭もずきずきする。食べた者全員がひどい状態になってねえ。いい加減に扱うとたいへんな目に遭う。ナリの毒抜きは、昔の人が命がけで伝えてくれた生きる知恵なんじゃねえと感じました」

格別の思いが詰まったナリ味噌の味

奄美や沖縄の人たちは、たびたび襲う食糧危機に備え、耕作に適さない山の斜面や庭に1本でも多くという思いでソテツを植えた。川原さんの家も、あちこち合わせると30アールものソテツ林を所有する。ソテツは生育が早く、苗を植えて3年もすると実をつけ始める。畑の縁など肥料分の多い場所で育ったソテツだと、1株で大笊1杯ほどの実が収穫できる。基本的には粗放栽培だが、より多くの実を採ろうと思えば、それなりの管理が必要だ。密植すると日の当たりが悪くなり全体に生育が悪くなるので、頃合いを見ながら間引いていく。

毒抜き後、十分に乾燥させたナリは、製粉機にかけて粉にする。戦前は臼で搗いた。水で練っても小麦粉のような粘りは出ない。最近は菓子の材料としても注目されている。

ソテツは隔年結実性で木には雌雄がある。実を確実につけさせるためには授粉作業も不可欠だ。6月ごろ、松ぼっくりのような形のオトコ花を切って花粉を集め、柄の長い柄《ひ》杓《しゃく》で掬《すく》いながらオンナ花の上に振りかける。そうすると実のつきが格段によくなる。大きなものだと高さ3m以上にも育つので、授粉作業は梯子《はしご》を使って行なわれる。不安定なうえ、ときには冠状の葉の付け根にハブがとぐろを巻いていたり、葉の裏にハチの巣があったりする。木の管理もまた、危険と背中合わせの作業だ。

食糧不足の不安からとりあえず解放されている現在、ナリはもっぱら島伝統の地味噌であるナリ味噌に利用されている。毒抜きをして天日でかちかちになるまで干し上げたナリは、ブリキの一斗缶に保存しておく。何度か作業を繰り返して量が貯まったら、製粉機にかけて粉砕する。味噌の仕込みは真冬の2月に行なわれる。真冬といっても亜熱帯の奄美のこと。それほど寒いわけではない。

「この時期に麹を立てると失敗が少ないね。最初にナリの粉に水を加えて軽く混ぜ、蒸し器で火を通します。水を吸わせた玄米も蒸しておきます。これを大きなたらいに混

ペットボトルの湯たんぽで１週間温めると天然の麹が定着する。黄色く見えるので黄麹、あるいは金麹と呼ばれる。この立て方が主婦の腕の見せどころ。

唐芋を鍋で柔らかくなるまで茹でる。唐芋には、味噌の仕上がりをしっとりなめらかにする役目がある。

ぜ入れます。たらいの中には湯を詰めた瓶を入れて埋めておきます。最近はペットボトルを使うようになりました。つまり湯たんぽよね。

たらいに毛布を被せて毎日お湯を替えながら温め続けると、ナリと玄米に麹が立ってきて、1週間もすると表面が黄色くなります。売っているような白い麹は使いません。金麹と呼ばれる天然の麹です。たらいの中に自然に呼び寄せて増やすのが私のやり方よ」

かつての奄美では、味噌作りなどの際、いかに麹を上手に立てるかが嫁の腕の見せどころだったそうだ。川原さんは近所でも有名な味噌作り名人だが、最近はときどき、麹立てに失敗するようになったと首をかしげる。

「冬の気温が不安定になってきているせいでしょうか。やけに暖かかったり、冷え込んだりする年は、暦《こよみ》頼りで仕込むとうまく麹が増えません。今年も一度失敗して、じつは今日は二度目です」

麹がうまく立てば、次は仕込み作業である。薪で柔らかく煮た唐芋《からいも》（サツマイモ）とダイズを臼で搗き、塩とともに麹に合わせる。全体の分量はナリ粉5kgに玄米5kg、ダイズ5kg、唐芋500g。

臼に、麹と皮を剥いた唐芋、柔らかく茹でたダイズを入れ、丁寧に搗き混ぜる。麹をよくほぐすのが秘訣。

塩を加え、よく混ぜる。甕に入れ、上部に塩を多めに振って密封。昔はバショウの葉をフタにする家もあった。

1年ほどたったナリ味噌。熟成が進むほどに色が濃くなり、3年もたつと真っ黒になる。

そして塩が800g。唐芋を入れるのは味噌にしっとりとした粘りを持たせるためだ。ナリと玄米、ダイズだけで発酵させると、硬くてぼそぼそした食感の味噌になりやすい。

甕《かめ》に詰めて密閉し、3か月も置けばそろそろ食べられるが、まだ麹の香りが強すぎる。こうした若い味噌は豚肉やニガウリ、魚のほぐし身などとともに油で炒めて食べる。1年

熟成途中の若いナリ味噌（約３か月）。調味料というよりは油炒めの具材として利用される。

ナリ味噌を使った炒め物は、奄美の伝統的な家庭料理のひとつ。暑気払いの料理として好まれる。

近く熟成させると味も十分にこなれ、味噌汁などさまざまな用途に使えるようになる。川原さんが生まれ育った喜瀬《きせ》集落は、奄美の在来豚「喜瀬豚」のふるさと。昔は年の瀬が近づくと豚を浜で屠《ほふ》り、正月料理の準備をした。そのとき決まってふるまわれたのが、肉の切れ端や内臓と野菜をナリ味噌で煮込んだ豚汁だった。川原さんにとって、ナリは格別な思いが詰まった食材なのである。

〔2007年取材〕

熊野、森棲みの暮らし

天然記念物指定第１号の紀州犬「ダイ」

奈良県
三重県
和歌山県
冷水山
1262
十津川村
果無山脈
二津野ダム
阪本
日置川
四村川
熊野市
御浜町
谷口のシシ垣
大塔川
小雲取越
赤木川
田辺市
上長井
大山
新宮市
熊野川町
紀宝町
安川
大塔山
1122
大雲取山
966
熊野川
新宮市新宮
大雲取越
高津気のシシ垣
那智山
大河
那智大滝
那
智
川
古
座
川
那智勝浦町
小
川
太地町
七川堰堤
太田川
古座川町
古座川
串本町
紀伊大島
潮岬
0
6 km
奈良県
三重県
和歌山県
0
200 km

どんぐり餅

「木の国の熊野の人はかし粉くて」

和歌山県新宮《しんぐう》出身の詩人・佐藤春夫の『熊野路』に、「木挽長歌《こびきちょうか》」と題する歌が紹介されている。春夫の父、豊太郎が幼いときに覚えた歌で、膝上で吟じて聞かせたのは懸泉堂椿山《けんせんどうちんざん》と号した春夫の曾祖父、百樹《ひゃくじゅ》だ。

〈木の国の　熊野の人は　かし粉くて　このみこのみの　山ずま居〉

という言葉から始まるこの歌は、相撲の甚句《じんく》や木遣《きやり》のように韻を踏んでいる。長歌だけに文節は100を超えていて、最後に短い反歌《はんか》がつく。のちに草稿と思われる原稿が遺品の柳行李《やなぎごうり》から見つかり、百樹自ら創作した歌であることがわかった。父の豊太郎は新宮の教養人として知られたが、この曾祖父もなかなかの文筆家だったらしい。

木挽きとは、樵《きこり》が山から伐り出した原木を大鋸1丁で板や柱に挽き分ける職人である。高度な技術を持つ職能集団として知られ、給金は木を扱う数ある仕事の中でも高い。しかも歩合である。重労働なので飯を食べ放題にする現場も多かった。若者にとっては魅力的な世界で、実力があれば懐も暖か

カシの実を餅米に混ぜて作られるどんぐり餅。新宮市熊野川町上長井の岡崎良子さん宅にて。

いから遊びも派手になる。長歌の筋立ては、稼いだ金も気がつけば色街に吸われてすっからかん。それを見た樵の頭が（自分にも覚えがあるのだろう）「金は使わないのがいちばん。堅実に暮らした昔の人を見よ」とつぶやく。ざっとそんな内容だ。

熊野川の河口にある新宮は、かつて木材の大集散地だった。木挽長歌は、遊郭に入り浸る若い木挽きたちの姿から思いついた風俗歌だろう。佐藤春夫の解題によると、冒頭の「かし粉くて」には、「賢くて」と「樫粉食て」のふたつの意味がかかっているらしい。歌の末尾で同じフレーズが繰り返されるが、そこでの表記は「樫粉くて」と、植物名が漢字で直接あてられている。佐藤は次のように記す。

「熊野山中の民は、古来、樫や橡《とち》の実などを、拾つて皮を去り肉を渓流に浸すこと十日ばかり、渋を去り乾燥して粉末として蓄へ、餅として食用にしたものであるといふ」

この長歌が興味深い点は、享楽的な生き方の戒めとして、木の実を食する暮らしが引き合いに出されていることだ。佐藤家の年譜をさかのぼると、百樹が「木挽長歌」を作ったのは慶応のころのようである。「むかしの人は樫粉くて」と書かれていることから、カシのどんぐりを粉にして餅にする習慣は、幕末あたりの新宮の町中では過去の習慣とみなされていたようである。曾祖父の原稿を発見した佐藤春夫も、解題を読む限りではカシの実の粉を食べる熊野地方の伝統を過去の伝聞でしか知らない。

解題の中では『紀伊国続風土記』（天保10年完成）をまとめるため、藩命で熊野を訪れた加納諸平《かのうもろひら》が詠み残した〈山かつが　もちひにせんと　木の実つき　ひたす小川を　又や　わたらむ〉という歌も引いているが、参考までに記しておくという程度だ。

だが実際には、佐藤春夫が『熊野路』を書いたころにも、そしてしばらく後も、カシの実を食べる暮らしは熊野の奥山に息づいていた。

獣《けもの》と競って拾ったカシの実を餅や粥に

新宮市熊野川町上長井に住む岡崎良子《おかざきよしこ》さん（1925年生まれ）は、1945年の4月、今の在よりも谷奥にある大休場《おおやすば》という集落から嫁に来た。この年はいよいよ本土決戦かという空気が重苦しく漂う戦局の末期である。岡崎さんが結婚した春は、東京や大阪が大空襲を受けて10万人以上の人が死んだ、日本史上最も悲惨な春だった。

「今の若い人には信じられんでしょうけど、こんな田舎やのに食べ物がなかったんですよ。結婚してすぐに妊娠をしましてね。赤ん坊に栄養をつけんといかん時期やのに、腹にたまるものがないんです。困りました」

嫁入り先には田んぼも少々あったが、収穫したコメは供出させられ、手元にはほとんど残らなかった。畑も狭い。そこで採れた雑穀、イモ、カボチャ、菜っ葉の類を、わずかなコメに混ぜて粥にのば

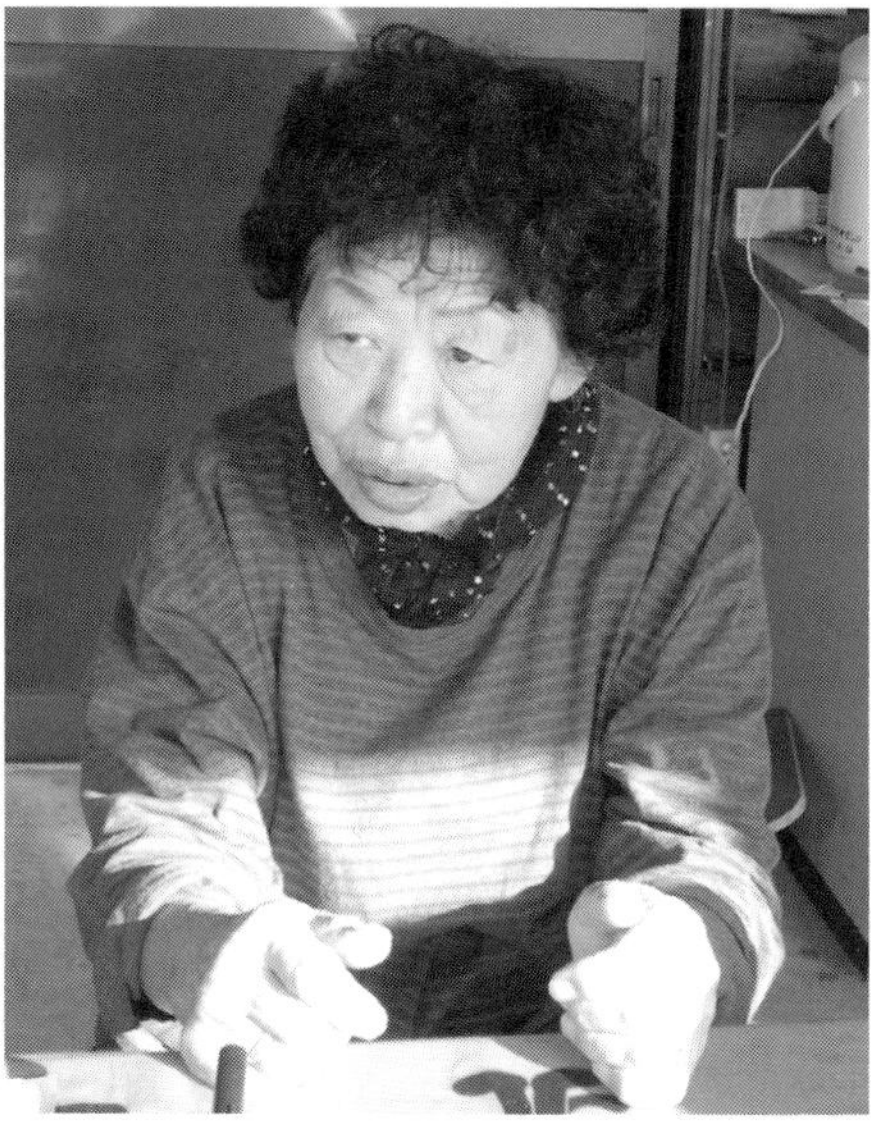

どんぐりにまつわる記憶を語り始めた岡崎良子さん。

して食いつなぐ日が続いた。サンマの塩ものがひとりにひと切れでも付けば、それだけで贅沢な食事だったと当時を振り返る。

「テレビでときどき、北朝鮮の暮らしぶりが流れるでしょう。みな痩せこけとる。あんな感じでした。あの時代の私らのように、海の向こうでは今もひもじいしとる人らがおると思うと涙が出ますわね。戦争は8月に終わったんやけど、食べ物がないのは戦中と変わらんかってね。秋になってカシの実が落ち始めたときはうれしかったですよ。ああ、これで少しは腹の足しができる、と」

岡崎さんは、どんぐりにまつわる自身の記憶を、ゆっくりと手繰り始めた。

岡崎さんの家の近くの墓地に、大きな常緑樹が1本残っている。終戦の年の秋、どんぐりを拾ったカシの木である。道路拡張の工事が行なわれる数年前までは全部で7、8本あったが伐採され、残っているのはこの1本だけである。

「嫁に来たときから大きな木でしてな。どんぐりがようけなりました。それをおばあさん（義母）と一生懸命拾い集めたものでした。木から落ちだしたら、すぐ拾いに行かんとあかんのです。カシの実はおサルさんもイノシシさんも拾うさかいね。シカさんも食べるし、ネズミさんも引いていく。早う拾わなんだらなくなってしまうんです。あったと思っても、そういうどんぐりは虫さんが入っとる。取り合いというか、まあ、分け合って食べたということでしょう。私らも獣の仲間に入れてもろうたんですよ、あの時分は（笑）。

腰に木綿の布袋を提げて、クリ拾いのように拾うんやけど、どんぐりは粒が小さいやろ、たいへんやった。1回に拾えるのは、まあ1升マスに1杯くらい。一度に5升も6升も拾えることはなかったです。お腹の大きいときやさかい、屈むのがしんどうてね。それでもほかに栄養になるものがないんですもん。拾わんとしゃあない」

いよいよ食べるものに困ったときは、山のどんぐりで凌ぐことができるということは、嫁に来る前から知っていた。子供のころ、やはり母親と一緒に木綿袋を提げて拾ったことがあったからだ。

「当時も暮らしは楽ではありませんでしたが、まだ平和でした。拾ったどんぐりは季節の味を楽しむという感じで食べていました。粉にしてお餅へ搗き込んだり、お粥さんの中に入れたりね。コメの代わり、お腹の足しという意味もありましたけど、どちらかといえば季節の山の味、伝統です。毎年1回は食べんと秋が来た気がせん。そんな食べ物やったと思います。私の母は明治32年（1899）の生まれで近在から嫁に来ましたが、どんぐりを食べることは、やっぱり実家のおばあさんから習うたようです」

その代々の習慣に命を助けてもらうとは、岡崎さんは思ってもみなかった。

「おかげさんで、子供は無事生まれました。2年ほどはどんぐりに助けられたと思います。それからです、昔の人の伝えてくれたことに、無駄なものはひとつもないと考えるようになったんは」

多種多様な〝森のコメ〟と各地の食文化

ひとくちにどんぐりといっても種類は多い。常緑樹ではカシの仲間のアカガシ、アラカシ、シラカシ、ウラジロガシ、ウバメガシ。粒の大きなマテバシイも、拾いがいのあるどんぐりだ。シイ（スダジイ）は小粒だが、あくがまったくなく実る数も多い。炒るとほんのり甘いので子供たちに人気があった。落葉樹では、ミズナラ、コナラ、クヌギ、カシワなどにどんぐりが実る。これらの植物はいずれもブナ科だ。クリもどんぐりの仲間で、近年の研究では、縄文時代から集約的に栽培されていたことがわかっている。ブナ科ではないものの、やはり固い殻の中に澱粉を含む粒の大きなトチの実も、どんぐり同様に利用されてきたことは佐藤春夫も記しているとおりだ。岡崎さんは言う。

ドングリの中身の６割近くは澱粉。“森のコメ”といっても過言ではない。

「どんぐりに毒なものはありません。どの種類でも食べられます。ただ、渋みが違う。カシは渋が少ないんですが、ナラはちょっと強い。けど、お粥さんに入れるときは、渋を抜かんとそのまま粉にして炊くぐらいがおいしいですよ。おコメが締まってさっぱりする。お茶を入れんでもええぐらい。そうやね、お粥さんの嵩《かさ》を増やすだけやなしに、茶粥の代わりになっておったのかもしれんね」

どんぐりは、たんぱく質やビタミンこそ乏しいが、胚珠の6割近くを澱粉が占める〝森のコメ〟だ。東北ではコナラなどの実をシダミといい、あく抜きをして餅にした。信州や飛騨地方では、ミズナラの実をヒダミと呼ぶ。苦みが強く食べられるようにするまでには手間がかかるが、大粒で利用効率がよい。餅にするほか、砂糖や蜂蜜と練ったり、塩や麹を加えて味噌のような発酵食（楢漬《ならづけ》）も作られた。四国東部にはカシの実の粉を葛《くず》きり状にしたカシ豆腐（カシきり）があり、九州の宮崎あたりへ行くと名前がカシの実蒟蒻《こんにゃく》に変わる。隣の韓国では、どんぐり粉はドトリムックと呼ばれ市販もされている。

熊野川町をさらに奥へ入った奈良県十津川《とつかわ》村は、明治期の山津波で一部の集落が丸ごと北海道へ移住した「十津川移民」の地として知られる。記録によれば、水害で村の田畑のほとんどが流出した１８９９年の秋、村じゅうの女子供が広葉樹の山へカシやトチの実を拾いに入ったという。もともと農業には厳しい急峻な山里。山の木の実は、ゴクモノと呼ばれた雑穀やサトイモを補う糧として日ごろから利用されており、どんぐり拾いは秋恒例の行事のようなものだった。暮らしに溶け込んだその習慣は、村を襲った未曾有の大災害の直後には命を守る知恵として機能したのである。

十津川からさらに吉野寄りの上北山《かみきたやま》村では、多い人は毎秋3石（約５４０リットル）ものカシの実を拾い、毎晩夜なべで1斗以上叩いたという。これぐらい皮を剥いておかなければ寝かせてもらえなかったという話も残っている。

縄文土器による調理革命から続くどんぐり食

どんぐりは、日本列島に暮らす私たちの歴史にも深く関わっている。縄文時代が始まったのは今から1万5000年ほど前だ。新石器時代に分類される縄文と、それまでの後期旧石器時代とを分かつ存在は土器である。どちらの時代も石器を使い、生きる糧のすべてを自然から得ていた点は同じだが、土器という容器の発明によって、その後の暮らしのありようが大きく変わる。

火で直接焼くか、熱した石と木の葉を使って蒸すぐらいしかなかった調理に、液体を火にかけて熱する、つまり煮るという技術が加わった。食材のうまみや栄養分をスープとして丸ごと摂取することが可能になったのである。

縄文土器がどのような契機で急速に普及したのかは定かでないが、きっかけのひとつであろうと推測されているのがどんぐりだ。1万5000年前は最終氷河期が終わった時期である。寒冷だった日本列島は急激に温暖化し、動植物の構成に大きな入れ替えが起こった。南から進出してきたのが、どんぐりが実る温帯から亜熱帯のブナ科樹木や、クズやワラビのように根に澱粉を蓄える、今も野山でよく見られる植物だ。

植物が生産するこれらの澱粉を、効率よく利用するのに役立った道具が土器だった。煮沸処理をすることで、にがみやえぐみ、あるいは有毒成分も除去しやすくなった。人間の胃は生の澱粉をほとんど消化できないが、加熱による糖化で澱粉はきわめて吸収しやすいエネルギー源に変わった。また、温暖化によって海面が上昇したことで内陸の谷まで海水が入り込み、魚介類との接点も増えた。つまり食材が多様化した。

後期旧石器時代の生活史料はきわめて少ない。そのため当時の日本列島人が何を食べていたかということは推測の域を出ないが、気候学的に考えれば、寒冷地に適応した大型動物を中心とする獣肉

縄文の後も中山間地では、どんぐりはいざというとき命を守ってくれる糧だった。

と、今のアラスカやシベリアに見られるようなベリー（液果）類、クルミやハシバミのようなナッツ類、アイヌも利用した、亜寒帯地域では数少ない澱粉植物であるウバユリなどの組み合わせであったと思われる。

縄文に入ると、食に占める澱粉質の比率は急速に高まっていく。その中心をなしたのが、採集効率がよく保存性にも優れたどんぐり類だった。栄養状態が向上したことで、縄文初期には2万人ほどだった列島の人口は、縄文中期には25万人以上になった。一方で、出土する縄文中期ごろの人骨の歯には、虫歯や歯槽膿漏など現代と共通の病痕も目立ち始める。糖質をたくさん摂るようになったツケだと考えられている。

澱粉を得る方法は、その後登場した穀物栽培、つまり農耕に置き換わっていくが、気候変動の影響を受けやすい中山間地では、危機回避の知恵としてどんぐりの採集も併用されてきた。木挽長歌に詠み込まれている「このみこのみの山ずま居」とは、しばしば大きな空振りをしてしまう農業の欠陥を埋める、暮らしの保険だったわけである。

香ばしく、ほどよい渋みの杵搗きの餅

初冬のある日、岡崎さんにお願いして昔ながらのどんぐり餅の作り方を教わった。

拾ったどんぐりは、そのままむしろに広げて天日に干す。数日たつと乾燥し、殻が縦に割れ始める。この状態になったら槌《つち》の子《こ》で叩いて中身を取り出す。殻と中身をふるい分けるため、まず叩いたどんぐりを手箕《てみ》へ移す。揺らしながら傾けると殻は手箕に残り、丸い中身だけがころころと受け笊《うざる》に滑り落ちていく。二、三度繰り返せばあらかたの選別は終わる。取り出した身は寒の間に天日に晒しておくと虫が湧きにくい。

使うときは粉にする。身を槌の子で叩いて砕き、粗めのトウシ（ふるい）にかけて粒子をそろえる。石臼の穴へ入れやすくするためだ。教えられたように穴へ入れ、石臼を回すが、思ったほど粉が出てこない。岡崎さんが呆れ顔で言う。

「お兄さん、反対や。それではいくら回してもあかん。臼の目は決まった方向に切ってあるので、逆回しすると粉は外へ出ていかんの」

思えば臼など使った経験がない。岡崎さんに指摘され、どんなに長く続く伝統技法も、必要がなくなれば1世代の間に消えてしまうことを身をもって感じた。

粉にしたどんぐりは、木綿の布袋に入れ、流水に晒す。どんぐりの種類にもよるが、あくが少ない

どんぐりを槌の子で叩いて中身を取り出す。口に入れるまで手間がかかる。

カシなら小1日。コナラの場合は2、3日かけたほうがよい。餅にするときは、もちゴメ2升に対してあく抜きしたどんぐりの粉を茶碗に2〜3杯。それぐらいの比率がいちばん風味がよいそうだ。せいろで一緒に蒸し、もちゴメに火が通ったら臼と杵で搗く。

搗き上がったどんぐり餅は、淡い番茶色を帯びていた。きな粉やすり胡麻をまぶして食べると、香ばしい風味の中に心地よい渋みが感じられ、舌が締まる。粉を入れたお粥も作っていただいたが、茶粥のように飽きのこないさっぱりした味だった。

「いやあ、久しぶりやわ。カシの粉食べるのは。懐かしいね。長い間忘れておりました。今の子らにも食べさせてあげたいねえ。うまいとか、まずいとかでは測れん尊い味ですよ。パンやクッキーに入れてもええと思う。こういう山のもんでも、ちゃんと食べられるんやで、いざというときは家

筆者も加わり岡崎さんとどんぐり餅を搗く。

族を助けてくれるんやでということをぜひ教えたいです」

戦況がいよいよ厳しくなった1944年。国は全国の小学校長に対し、子供たちにどんぐりを集めさせるよう通達を出した。千葉県では、自宅のカシの実をたくさん拾って持って行ったところ「團栗《どんぐり》蒐集ニ於テ成績優秀ナリ」として表彰を受けた子もいる。集めたどんぐりはアルコールの精製に使われたという話も残っている。困窮ここに極まれりで、当時の日本はあの近代戦争をどんぐりで乗り越えようとさえしていたのだ。

日本列島で1万年以上にわたって食されてきたどんぐり。文化の基層ともなってきたこの食習慣は今後どうなっていくのだろう。細々ながらも残り続けるのか。それとも消えてしまうのか。その行方を握るのは現代を生きる私たちである。

〔2003年取材〕

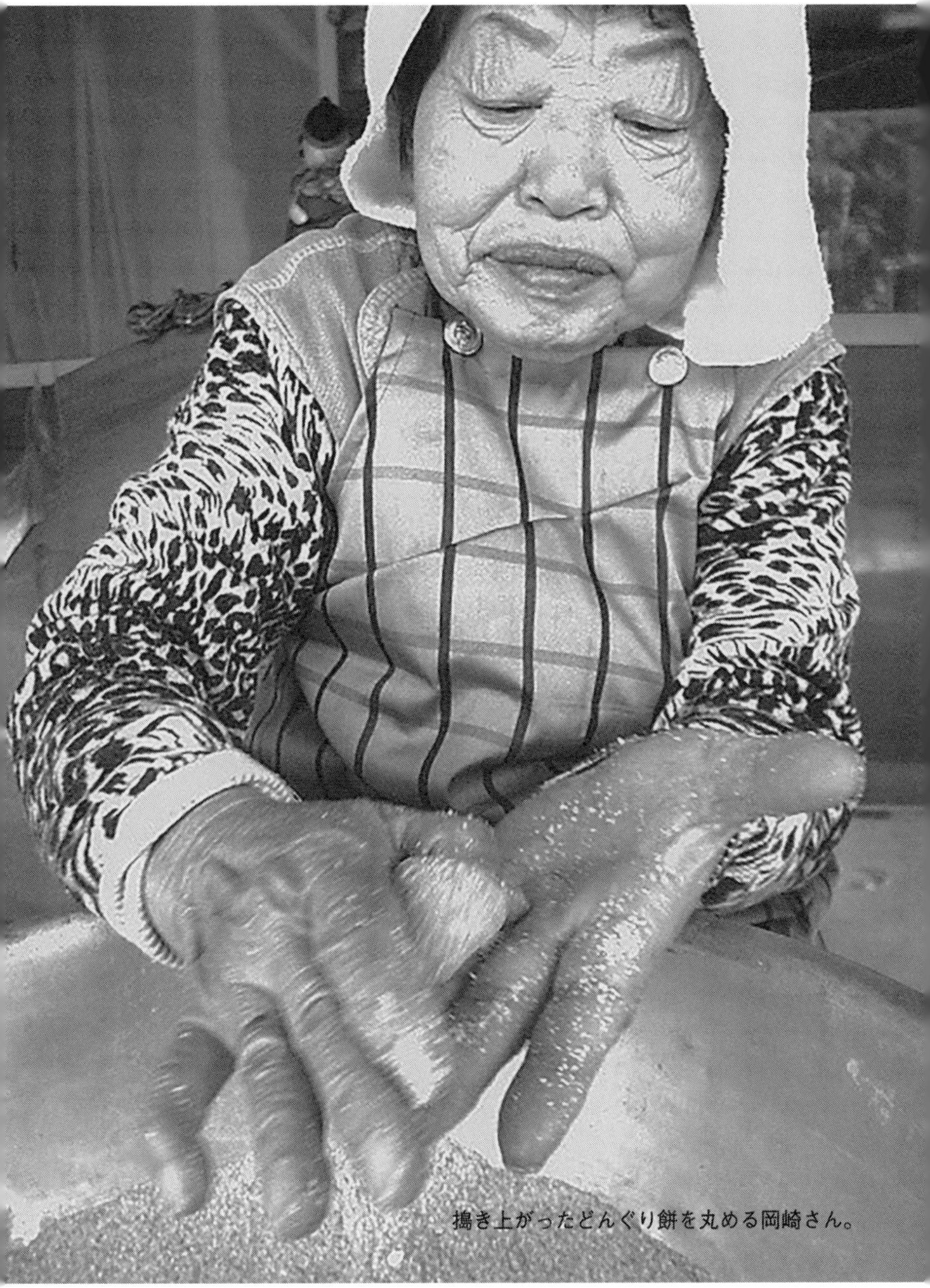
搗き上がったどんぐり餅を丸める岡崎さん。

蜂ゴバ

随所に臼のようなミツバチの巣箱

初めてその光景を見たのは、今から30年ほど前の紀伊半島である。たしか、アマゴ釣りの道中だった。渓流沿いの道の切り通しに、餅搗き臼のようなものが並べられていた。臼はいずれも林縁の日当たりがよい場所にあり、上には雨覆いのような板がのせられていた。しかし、崖に餅搗きの臼を置くわけはないから、土地神をまつる祠《ほこら》のようなものに違いないと勝手に想像していた。

臼の正体がわかったのは、釣り帰りに泊まった宿である。野生のミツバチ、すなわちニホンミツバチを飼うために丸太を刳《く》り抜いて作った人工巣であることを、主《あるじ》が教えてくれたのだ。春の巣分かれの時期に合わせて準備し、新天地を目指して飛び立った群れが気に入って入ると、中で巣作りを始めるのだという。宿の裏山にちょうど2群営巣しているというので翌朝見せてもらった。おそるおそる近寄ると、丸太の小さな穴から茶色い蜂たちが忙しげに出入りしている。秋になれば、ほっぺたが落ちるほど甘く濃厚な蜂蜜が採れると聞いて、思わず舌なめずりをした。

地元では、飼育者それぞれにこだわりや工夫がある。アマゴ釣りやアユ釣りの技術がそうであるよ

至るところに置かれているニホンミツバチの巣箱（蜂ゴバ）。熊野を象徴する光景のひとつだ。

うに、よい工夫は仲間内で瞬く間に流行するそうだ。容器の設置場所。群れに気に入ってもらうための条件。巣分かれした群れを近くで見つけたときに取るべき行動。その群れに機嫌よく定着してもらう心構え。襲いに来るスズメバチや、巣を食い荒らすイモムシを防ぐ工夫。蜜の詰まった巣板を切り取るタイミング……。愛好家どうしが顔を合わせると、蜂の話ばかりになるという。

古くから薬として珍重されてきた天然の甘露

巣分かれした野生のミツバチを、巣箱へ誘導する方法が試みられた最古の記録は白鳳《はくほう》時代である。『日本書紀』には、皇極《こうぎょく》天皇2年（643）、百済から来た太子が奈良の三輪山で巣4房のミツバチを放ったが「ついにうまわらず」（成功せず）という記述がある。

この時期は仏教とともに朝鮮半島経由で大陸のさまざまな技術や文化が渡来した。養蜂もそのひとつで、現在の韓国にも日本のようにミツバチ（トウヨウミツバチ＝

ニホンミツバチの基亜種）を飼って楽しむ人たちがいる。百済から来た太子もそんな趣味を持つひとりだったのだろうが、結局うまくいかなかったようだ。

平安初期の『延喜式』のころには、宮中へ全国各地から蜂蜜が献納されている。だが、量は1升から2升と、献納品の単位にしては少量で、この時代はまだ野生の蜂の巣から蜜を絞っていたのかもしれない。人間の管理下に置く技術が確立したと想像されるのは、どうやら平安後期である。公卿・中山忠親《なかやまただちか》の日記『山槐記《さんかいき》』に、治承2年（1178）、「蜜、兼て日蔵人所より蜜御園に遣い召し」とあり、飼育場らしきものが存在したことをうかがわせる。

500年ほど下った江戸時代に入ると、ニホンミツバチを飼い馴らす（庭先に定住させる）ノウハウはおおよそ完成していた。本草学者・人見必大《ほんぞうひとみひつだい》が著した『本朝食鑑』（1697）には、板を四角く囲った箱状の巣で飼育する「蜂堂」についての詳細な記述があり、蜂の習性についてもかなり言及している。

ニホンミツバチは、アジア一帯に広く分布するトウヨウミツバチの日本型亜種で、東北から九州にかけて分布する。標高はおよそ1000m程度が生息限界で、九州、四国、紀伊半島のような暖地から、北陸や信州、東北のようなやや寒冷なエリアにまで広く生息するので、これを飼って楽しむ習慣は各地にあった。とりわけ盛んで、昔から蜜の産出量も多かったのが紀伊半島の熊野地域である。『日本山海名産図会《ずえ》』（1799）は「凡蜜を醸する所、諸國皆有、中にも紀州熊野を第一とす」と書いている。熊野の蜜は品質にも優れ、『重修本草綱目啓蒙』（1844）には「紀州熊野蜜ヲ上品トス」「諸国ヨリ出レドモ、薬舗ニテハ皆熊野蜜ト呼ブ」とある。

当時、蜂蜜は薬として扱われた貴重品で、熊野産の蜂蜜はその代名詞になっていた。とくに一級の蜜といわれたのが、古座川《こざがわ》源流大河《たいこう》地区である。ここから産出する蜜は、明治時代には「太古蜜」と呼ばれ、名を轟かせていた。下流域のものよりも味が濃厚で、同じ大きさの甕に入れて比べると、ずっしり重かったという。

生産量も多く、大規模な森林伐採が始まるまでは多い人で１００箱もの巣箱を持っていた。絞った蜜は5升入りの甕に詰めて那智勝浦まで運び、そこでコメと交換された。ミツバチがもたらしてくれる天然の甘露は、山で暮らす人々にとって貴重な定期収入にもなってきた。

サクラで作った蜂ゴバがいちばんよく入る

丸太を刳り抜いて作った臼型の誘引具を、和歌山県では蜂ゴバ、ゴーラ、待ち樽などとさまざまに呼ぶ。ひとつの県内にいくつもの呼び名があるということは、それだけ深く定着した遊びだったということだろう。板を打ちつけて作った四角いものもあり、こちらは待ち箱と呼ばれる。歴史的には臼型のほうが古いようだ。

「わしは丸太がええように思います。ミツバチは山の中では太い木のウロ（空洞）の中に巣を作っとるでの。あれらは天然の生き物やさかい、気にいりゃ入る、気にいらなんだらちっとも入らん。気持ちを考えたら木を刳り抜くほうがええんやないかと思って、始めたときからずっとこのやり方です」

こう語るのは、新宮市熊野川町大山の瀧本茂定《たきもとしげさだ》さん（１９３７年生まれ）だ。最初にニホンミツバチを飼ったのは25歳のころ。知り合いが楽しんでいる様子を見て、自宅の裏や近くの山の崖地に蜂ゴバ（この地域ではこう呼ぶ）を置くようになった。

飼育歴30年で知ったミツバチの生態と蜂ゴバの工夫を話してくれた瀧本茂定さん。

まもなく山は林業景気に沸き、あちこちへ出稼ぎに出るようになったため休止。趣味を再開したのは30年ほど前である。

「家に帰ってまずしたことは、昔作った蜂ゴバの掃除やね。木が古いぶんにはええんや。むしろ木のにおいがぷんぷんするような新しいのはいかん。けれど、ミツバチはきれい好きでな。クモの巣やらゴミやらがあると入らん。きちんと掃除をしてやることが大事です」

専門書によると、野生のニホンミツバチは生きた木の樹洞《じゅどう》に巣を作って暮らしているそうだ。立ち枯れした木や風倒木の空洞に巣を作る例はほとんどないらしい。一方で、寺のお堂や民家の屋根裏に巣を作って騒ぎになることもあるし、蜂ゴバのような人工巣も利用する。この矛盾をどう考えればよいのか。答えは、瀧本さんのいう「ミツバチはきれい好き」という証言にあるようだ。

枯れ木の空洞は虫や菌が食い荒らし、がさがさに腐った状態になっている。清潔な環境さえ保たれていれば、木の生死には関係なく蜂は利用するということだろう。木であることさえにもこだわりはないらしく、近年は墓地の納骨スペースでもニホンミツバチの巣がよく発見される。

とはいうものの、蜂ゴバに使う樹種はなんでもよいというわけではないようだ。

「わしはサクラとかケヤキのような硬い木がええと思う。昔の人はスギをよう使いやったな。削りやすいし、軽いやろ。スギのゴバでも蜂は入るんやけど、比べてみたらサクラやケヤキのほうが入る。とくにサクラでこしらえた蜂ゴバはええね」

スギの丸太は昔からよく蜂ゴバに使われてきた。

今はチェーンソーがあるので、硬いサクラを刳り抜くのも楽になった。使う丸太はひと抱えほどのもので、まず芯を四角く粗抜きする。できた隙間から外へ放射状に何本かの切り込みを入れ、空間を広げていく。ある程度抜けたら内部をバーナーで焼き、炭化して軟らかくなった部分を削り落として丸く仕上げていく。

節やひび割れ、自然の空洞があって材木としては使い物にならない木を山で拾ってきては蜂ゴバにした。最初は手ごろな木ならなんでも使ったが、並べておくと針葉樹よりも広葉樹、広葉樹の中でもサクラの蜂ゴバによく入ることに気づいた。

大きさにも好みがあるという。内径8寸（約24㎝）、高さは1尺から1尺3寸まで（30〜39㎝）というのが瀧本さんの結論。巣を大きく育て、採れる蜂蜜の量を増やそうと最初から長大なものを作ると、入

家号の焼き印が入った蜂ゴバ。材はスギ。新宮市熊野川町椋井にて。

る幸はかなり落ちるそうである。芯を刳り抜いた丸太は、一度内側をバーナーで焦がしてから、溶かした蜜蠟《みつろう》を内側全面に塗る。

「塗っておくとミツバチがよう入る。蜜蠟は巣のにおいがするさかい安心するんやろう。蜜蠟は蜜切り（採蜜）したときの残った巣を湯煎で溶かして缶に固めておく。塗るときは缶の上からバーナーで溶かして、内側へフライパンに油を回すように広げてやる。蜜蠟を使う人と使わん人がおるけれど、わしはやったほうが入りがええと思うな」

蜂ゴバは筒状に抜けており、設置の際は底板と天板で上下をふさぐ。底板側の縁には、ニホンミツバチが出入りできる大きさの溝を4つほど切り込んでおく。新天地を求めて移動中の群れが蜂ゴバを見つけ、よい物件だと気に入ると、まず天板部分から巣を作り始める。巣は板状で等間隔に複数作られる。蜂児と貯蔵蜜が増えるにつれ、巣板は空洞の下側へ拡大していく。

必殺技、大敵スズメバチを〝布団蒸し〟

ニホンミツバチを「飼う」「飼育する」という表現は、ほんとうは適切ではないかもしれない。セイヨウミツバチの場合、最初は販売業者から群れを購入するか、養蜂業者から分けてもらい、自分で少しずつ繁殖させ、群れの数を増やしていく。セイヨウミツバチは明治時代にアメリカ経由で日本に入ってきたヨーロッパ・アフリカ原産の昆虫で、しかも野生種を数千年にわたって改良してきた経済品種である。

セイヨウミツバチの日本での最大の外敵はオオスズメバチだ。進化の過程で東アジア固有種のオオスズメバチと競合したことがないために有効な対応能力を持たず、人の手を逃れて野生化しても生き残れる可能性はきわめて少ないとされる。

セイヨウミツバチは巣への執着が強く、しかも1匹ずつ外敵に立ち向かう。それが仇となり、オオスズメバチに襲われるとしばしば壊滅的被害を受ける。人の手を借りなければ生き続けられないのがセイヨウミツバチだが、巣を守ることへの強いこだわりは人間が管理するうえではたいへん都合がよい。その意味においては飼育という表現も間違っていない。

一方のニホンミツバチは、日本の野山に生息する在来昆虫だ。オオスズメバチとの長い駆け引きを経て今日まで生き延びてきており、独特の対応方法を持っている。有名な習性が、敵を集団で囲って一斉に体を振るわせ、発生した高熱で殺す〝布団蒸し作戦〟である。それでもかなわないと悟ると、

働きバチの蜜集めは、その年の森の花の咲き具合に大きく左右される。

蓄えた蜜をみんなで吸えるだけ吸い、幼虫を置き去りにして巣を出ていく。いわば〝三十六計逃げるに如かず作戦〟である。

苛立《いらだ》つとすぐに人を刺すセイヨウミツバチに対し、ニホンミツバチは非常におとなしく、同時に臆病である。よほどのことがない限り人を刺さないが、気に入らないことがあると群れごと逃げ去ってしまう。つまり巣に執着しない。そこに管理の難しさがあり、セイヨウミツバチのように誰もが継代的に飼育できる技術がまだ十分に確立されていない。

蜂ゴバへ招き入れる群れは、樹洞などに営巣していた群れか、誰かが設置していた蜂ゴバから巣分かれした群れ、あるいは元の巣を捨てた逃去群だ。群れはいつでも自然の中へ帰っていく自由があり、野生の昆虫だから人に依存しなくても生きられる。セイヨウミツバチのように繁殖や蜜源を人が手厚く管理するわけではない。いわば居住空間を貸すだけだ。だから厳密には「飼育」ではない。

もっとも、最近はセイヨウミツバチの飼育方式を改良した効率のよい管理方法が研究されつつあり、産業化の可能性も視野に入ってきた。技術革新がさらに進むと、将来はセイヨウミツバチのように性質の馴化《じゅんか》（品種改良）も行なわれるようになるかもしれない。

一斗缶の音で足止めした群れを一網打尽

瀧本さんによると、ニホンミツバチが分蜂を始めるのは、4月終わりから5月初めの風のない晴天だ。群れはお昼前後の暖かな時間帯に、突如真っ黒な塊となって飛来するという。蜜蠟を塗った蜂ゴバを設置しておくのは、東や南向きの日のよく当たる斜面。午後2時から3時過ぎには陰になり始め、西日が当たらないことが場所の条件だそうだ。

「西日は人間の家でも嫌うやろ。ミツバチはうるさい音も嫌うな。水が流れ落ちる音がする沢筋や木の葉がざわつく風の通り道、車の通りの多い道沿いも好まんの。こういうところの蜂ゴバは、偵察には来てもまず入ることはないの」

ニホンミツバチは、人間にとってもぽかぽかと静かな、気持ちのよい場所を好むらしい。熊野地方では人家のすぐ裏にも多くの蜂ゴバが設置されている。管理がしやすいということもさることながら、蜂にとっても住みやすく分蜂群を誘引しやすい環境になっているためかもしれない。

分蜂群は蜂ゴバへ迷わず入る場合もあるが、周辺の木の枝などに固まったまま思案していることも多い。傍観していると飛び立って行ってしまうことも多いので、見つけたときは迷わず捕獲して蜂ゴバの中に入れてやる。

「飛ばんようにするには、音を立てるとええよ。蜂ゴバを置いとらんところでも、あそこに蜂がおったって聞いたら、1斗缶を持って行って叩いたりガードレールを叩いて派手に音を出すと、あれらは振動を嫌がるんやろうな、固まって動かんようになってしまう。水をかけても飛ばんようにな

巣分かれした群れが、新たに設置した巣箱近くの木に止まってくれた幸運な例。

る。これを風呂敷や袋に掃き落として持って帰り、新しい蜂ゴバに入れるんや。親蜂（女王蜂）さえおったら、まあすぐに逃げることはない」

分蜂群を誘導する「吊り皮」と東洋ラン

熊野には、分蜂したニホンミツバチの群れを誘導する吊り皮という道具がある。スギやサクラの樹皮を剥いで乾かしておくと、丸まって固まる。これに紐をつけたものだ。分蜂が始まりそうな日、すでに前年から巣を作っている蜂ゴバの近くへ吊り下げておくと、巣を飛び立った分蜂群がいったん吊り皮の下に集まる。

巣を離れた群れが、スギなどの太い枝の裏に固まることが多いという習性を利用したものだ。吊り皮に固まった群れは、水をかけたり音を立てて足止めする。そして吊り皮ごと新しい蜂ゴバへ持って行き、中へそっと掃き落とす。吊り革は吊り屋根のように設置する人と、木の枝を忠実にまね丸い側を下側に設置する人とがいる。

熊野には、花を使ってニホンミツバチの分蜂群を呼び止める方法もあると聞いた。蜂ゴバを置いた庭先にシュンランを植えておくというのである。分蜂群はなぜかシュンランやエビネなどの東洋ランの花に好んで集まるといい、古座川あたりでは、花に集まった群れを吊り皮のように利用して蜂ゴバへ誘導する方法がとられていたという。

熊本県や、中国の雲南地方にも、同じようにランの花を使った蜂群の誘導方法があるそうである。なぜニホンミツバチは東洋ランの花に集まるのか。佐々木正己さんが書いた『ニホンミツバチ』によれば、一部の東洋ランの花の香りには、トウヨウミツバチの集合フェロモンと同じ成分が含まれているからだという。この成分を最も多く持つのが、中国原産のキンリョウヘンだ。一般に花と昆虫は互助的な関係を持ち、花は蜜や花粉を食料として提供する代わりに、昆虫に授粉作業を委託する。ところが、キンリョウヘンはその対価を払わない。そもそも花の内部に蜜腺を持たず、ミツバチの集合図であるフェロモンに似せた香りを発し、花におびき寄せて授粉だけさせるらしい。

ミツバチにとってはただ働きで、詐欺にも近いメカニズムともいえる。しかも、分蜂群を丸ごと呼び寄せてしまうので、そこでアクシデントが起こると群れが全滅する危険もある。巣分かれの際、働き蜂は胃に蜂蜜を貯めて飛び立つが、持ち運べる量には限りがある。住居を決め、すぐに仕事を始めなければならず、花にだまされて道草を食っている暇はないのである。共生の相手にこのような不利益をもたらす進化は、自然のプログラムミスといえなくもないが、まだ解明されていないミツバチ側のメリットが存在する可能性もある。

ニホンミツバチを引き寄せる不思議な植物、キンリョウヘン。（岩手県盛岡市／著者撮影）

近年急速に高まっているニホンミツバチ・ブームのなか、キンリョウヘンを使った分蜂群の誘導は、愛好家の間ではごく一般的な知識になりつつあり、人工フェロモンで作った誘引剤まで市販されている。

蜂ゴバへ移した群れは、次の日も留まっていれば7分がた定着したと思ってよいが、3日ぐらいして出て行ってしまうこともある。蜜蠟を塗らなかった場合は出ていく確率が高い。ミツバチがコミュニケーションのために利用している手段は主にフェロモンと振動で、巣の材料である蠟のにおいには群れを安心させる効果があるとみられる。分蜂群がいったん留まる場所は、毎年ほぼ同じだという。誘引源は前年の蜂たちがそこへ残していった集合フェロモン、つまりにおいだと考えられている。

最初の野生群をうまく誘導できれば、あとは管理の腕次第である。2群が4群、4群が8群というわけにはいかないが、年々少しずつ手持ちの蜂群が増えていく。入居率は年によっても変わるが、瀧本さんは多いときには20群ほど持っていた。

「蜂ゴバをひっくり返して中をちょくちょく見やると、巣分かれの時期はだいたいわかるな。新しい親蜂（女王蜂）の巣は、先のほうにできるんや。外へ出るときは先のかさぶたみたいなもんを食い破る。蓋が取れて穴が見えたら、その2日後ぐらいやな、巣から分かれていくんは」

巣から出ていくのは母女王蜂だ。娘女王蜂が誕生すると、働き蜂の一部を引き連れて自ら新天地へ飛び出す。女王蜂は高齢になるほど産卵力が落ちるので、新しい蜂ゴバに定着しても群れが大きくならず、次第に働き蜂の数が減って消えてしまうこともある。元気のよい女王蜂の場合は、どんどん群れが大きくなっていく。

分蜂の時期は山の樹木も草も花盛り。外勤の働き蜂たちは、それらの花の蜜を求めて忙しげに山や里を飛び回る。蜂ゴバの中に増築されていく巣板には、毎日女王蜂がせっせと卵を産む。内勤の働き蜂たちは、育児や巣作り、受け渡された蜜の貯蔵に専念する。

冬越しを考え、蜜切りは半分まで

苦労して群れを呼び寄せた蜂ゴバを開け、貯まった蜂蜜を絞る日は、いつも胸躍るものだと、瀧本さんは目じりを下げる。蜜切りをいつにするかは、地域や個人によって考え方が違うが、瀧本さんは7月と決めている。

蜂ゴバの中に縦方向に並んでいる巣板は8枚前後。巣板は連続した6角形の巣穴で構成され、巣穴は両面にある。ミツバチはこれらの穴を育児室、蜂蜜の貯蔵庫、花粉の貯蔵庫の3通りの用途に使い

蜂ゴバの中に作られた巣板。群れが冬を乗り切れるよう、蜜切りの際は半分残す。

分けている。巣穴はある程度目的別に区分けされており、用途が複雑に入り組むことはない。蜂ゴバをひとつの団地に見立てると各巣板は棟だ。出入口に近い低層階は花粉のエリア、そのすぐ上が子育てエリア。真ん中付近から上の上層階が蜜の貯蔵エリアである。蜜切りは蜂蜜の貯蔵エリアの巣板を切り取る作業だ。

「ひとつのゴバを全部切って絞ったら、2升から2升5合は採れる。3升採るという者もおるけど、まあ、これは稀や。よっぽど花のよう咲いた年とかでないとな。けど、わしの場合は切るのは半分だけ。半分は残しておいてやらんといかん。蜜をみな採ってしもうたら、群れが弱って冬越しができんようになるんや。夏には木の花が少しはあるし、秋になれば草の花も増える。けど、台風やら来たら蜂は蜜採りにいけんし、花も散ってしまうやろ。そういうことも計算に入れて切る蜜の量を考えんと、次の年に蜂が残らんのや」

群れが冬を乗りきるには、最低でも5合程度は蜜を残さなければならないというのが、瀧本さんの持論だ。7枚の巣板があったら3枚分は蜜を貯めてくれた蜂たちのために残す。ぎりぎりまで切り取りたい欲を抑え、ゆとりを持って残してやる。5分5分、多くても6分4分くらいで分け合う自主規制を守ってきた。

「最近は定年退職した人とか、会社辞めて帰ってきた人らが蜂飼いしやるけど、蜂が死のうが生きようが、蜜さえ採れりゃかまわんという者も多いの。全部巣を切るのは損や。1年きりやもの。半分残してやったら来年もその次の年も蜜を貯めてくれるし、そこから親蜂が出てくる。蜂飼いを商売にしやる人はみな大事にしとるよ。犬飼うたらかわいがるやろ。蜂も犬ぐらい大事にしてやらんといかん」

巣板が落ちないように、底近くに棒を1本渡しておく。

新しい分蜂群を蜂ゴバに呼び込むことに力を注ぐよりも、蜜切りを控えめにして群れを温存するほうが、何倍も賢いと断言する。蜜の貯まりが少ない年は、巣に手をつけないまま越冬させる判断も必要だという。

蜜切りのとき、もうひとつ気をつけなければならないのは、巣の屑を底板に残さないことだ。群れが巣を放棄してしまう。害虫のツヅリ（ハチノスツヅリガ）が大量発生し、群れが巣を放棄してしまう。ツヅリは巣の蠟分や花粉を食べるイモムシで、蜂ゴバには多かれ少なかれ発生する居候のような存在である。大発生を防ぐには、こまめに巣を点検して底板をきれいにしておくことだ。蜜切りをする7月ごろは、巣板もかなり大きくなって底板に着く勢いになっているので、下から上がってこないように下部を大きく切り取っておく。また、内部の温度が上がったとき巣板の蠟がゆるんで落下しないよう、底近くに棒を1本渡している。

蜜切りを7月に行なうのは、スズメバチ対策の意味もある。

「夏に入るとシシバチ（キイロスズメバチ）が多なるさかいな。あれらは蜜のにおいを嗅ぎつけて、ミツバチの子を取りに来るんや。入り口に金網張って、かじって穴を広げられんようにしとるんやけど、あれらが来だしたらミツバチは巣を守るのに必死で、なかなか蜜集めに出られんようになる。いちばん大きなミカンド（オオスズメバチ）が来るようになったら、巣をほかって逃げてしまうこともあるよ。ここまで巣を育てて逃げられたらもったいない」

蜜切りがきっかけでスズメバチを誘引してしまうこともあるので、巣のかけら、とくに幼虫の入った部分を近くに捨てないことも注意事項だ。

同じ1升なのに油より重い山の蜜

切り取った巣板は、蠟で蓋をされた部分を包丁で切り、笊の上に伏せておく。3〜4日自然に滴下させて瓶《びん》へ移す。巣板にはまだ蜜がいくぶん残っているが、これは冬までとっておき、餌の補助として蜂ゴバに入れておくと蜂たちが舐める。一部の巣は湯煎して蠟を取り、新しい蜂ゴバに塗る。

蠟の蓋がきれいにかかった巣板の蜜は、水分が少なく発酵しにくいため瓶に入れておくと何年でも持つ。

「同じ1升でも油の瓶よりうんと重うなる。それだけ濃いんや、山の蜜は。蜜切りのときに残す蜜を多うするほど、次の年の蜜の味がええな」

ミツバチたちが手を付けなかった一部の蜜が月日を重ねて熟成し、新蜜に混じった際にブレンドされるためだ。その貴重な蜂蜜をごちそうになった。甘いだけでなく、さまざまな香りや味を含み、いかにも元気が出そうな森の滋味という感じがする。

ニホンミツバチの蜜は、かつて薬として取引された。濃度の高い紀州の蜜は、別名を石蜜といい、たいへんな高級品だったという。蜂ゴバのように木の空洞を利用した素朴な飼い方がある一方、『本朝食鑑』が記すように四角い箱を重箱式に乗せる方法も江戸時代には確立されていた。蜜の貯まった区域だけを効率よく切り取り、蜂たちが巣を修復する負担を減らす管理方法である。

山の蜜はずっしり重い。蜜の品質（味）は地域の環境条件によっても微妙に違う。

舐めるとすぐに力が湧くということで、潜水漁の盛んだったときは、海の漁師がわざわざ魚や貝を携え、蜂蜜と交換にきたという地域もある。

「まあ、蜂蜜は今でも値打ちのあるもんやね。それでみんな一生懸命蜂ゴバ増やそうとがんばるんやけど、意味ないんや。今のままでは逆に共倒れ。蜂が集める蜜が増えんことにはどうしようもないよ。山はスギ、ヒノキばっかりで花のつく木がないやろ。花を増やすことも考えにゃあ」

ニホンミツバチの甘い蜂蜜は、森の健全度を測るバロメーターでもあるということを教えられた。

〔２００３年取材〕

Column

なべらぼうの友釣り

紀伊半島南部を流れる古座川に、面白い釣りがあると聞いた。なべらぼう釣りだ。なべらぼうの標準和名はボウズハゼ。清流に棲む体長10㎝ほどのハゼ科魚類で、食性はアユと同じ藻食だ。縄張りを持つ点でもアユに似る。大きな違いは経済価値だ。ボウズハゼにはアユのような商品力がなく、いわば子供の遊び相手。こうした雑魚に共通するのは愛称が多いことである。ボウズハゼには紀伊半島だけで20を超える呼び名があり、なべらぼうもそのひとつ。渋沢敬三《しぶさわけいぞう》は雑魚特有の豊富な変名を劣勢魚名と名づけたが、子供たちが紡ぎ上げた地域文化であるとも付記する。

ボウズハゼは、アユと同じく藻食性で縄張りを持ち、侵入者を威嚇する。

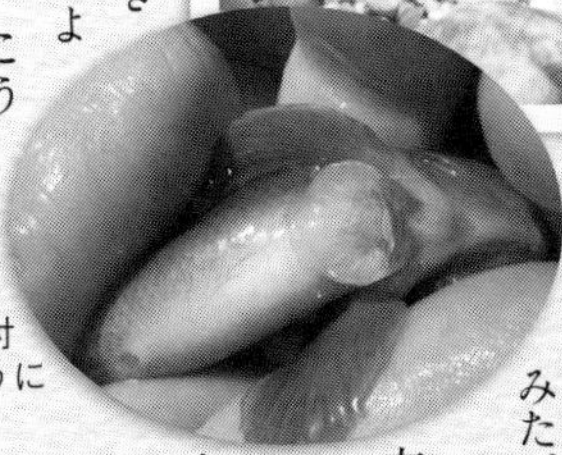

高い堰や滝などの難所は胸の吸盤と口を使って吸い付き、尺取虫のようによじのぼる。

なべらぼうの釣りも、子供が培った文化だ。私がこの釣りを知ったのは、紀州在住の作家、宇江敏勝《うえとしかつ》さんの著作である。古座川の老人から聞いた昔話として、囮《おとり》を使いアユの友釣りのようになべらぼうを引っ掛ける遊びが紹介されていた。ボウズハゼの基本的な行動はアユと同じなので、たしかに成立しそうな釣りではある。古座川へ足を運んだ際、当のご老人を訪ねてみたが物故されていた。釣りの好きな人たちに聞き取りを試みたが、この遊びを知っている人はもういなかった。

そこで自分で試してみることにした。原理は友釣りだが、最初の囮は別な方法で捕まえなければならない。ハゼ科というと鈍重な印象があるが、ボウズハゼの動きは早い。器用な友人がエビとり網でようやく押さえた1匹に、アユ用の掛けバリを装着。箱メガネで水中を覗きながらボウズハゼのいる石のまわりへ誘導すると、背びれを立てて体当たりし、あっという間にハリに掛かったのだった。

それは、忘れ去られていくのがもったいないほど、愉快で刺激的な釣り遊びだった。

〔2004年取材〕

●シシ垣

イノシシの侵入を防ぐ結界「シシ垣」

熊野の山の中を歩いていると、突然苔むした石の垣根に出会うことがある。高さは1mから1・5mほど。万里の長城をうんと小さくしたようだというとわかりやすいだろうか。長さはときに数㎞にも及ぶ。山腹の斜面に沿って張り巡らされたその構造物は、シシ垣と呼ばれてきた。イノシシやシカの侵入を防ぐために築かれたというのが定説だが、戦が盛んだった時代の防塁の可能性もあるとして、列石と呼ぶことにこだわる郷土史家もいる。

拡大造林や林道開発などにより、熊野地方のシシ垣は戦後かなり破壊されたが、痕跡を含めれば今も随所で見ることができる。熊野川町猟友会会長を務める滝尻《たきじり》伍一郎《ごいちろう》さん（1926年生まれ）の猟場にも、長大な垣が1本残っている。

熊野古道・小雲取越《こぐもとりごえ》の峠筋からやや南へ下がった傾斜面。その構造物は薄暗いスギ林の中にあった。ひと抱えほどの石をがっちり噛み合わせたもので、利用されなくなってかなりの歳月が過ぎているのだろう。アンコールワットのように太い木の根が石を抱き込んでいる場所もある。この場所のシ

シシ垣について話してくれた熊野川町猟友会会長の滝尻伍一郎さん。

シ垣は、東西方向3・5kmにわたり稜線と平行するように延びているという。

「ほかの山にもちょくちょくあるけど、たいがいはこんなふうに尾根なりに沿わしてあるな。けっこう高さもあるさかい、向こうからは来れん、こっちからも行けんようになったあるよ。その代わり、ところどころ切れ目がある。昔は木戸をこさえて、そこから出入りしたんやろうな。さあ、いつの時代に築かれたもんかはわからん。わしの子供のころからあるが、修繕とかしとったのは見たことがないな」

滝尻さんは、イノシシの侵入を防ぐための構造物としか考えられないという。

「今もイノシシの害はすごいが、昔もえらかったんやないかい。イノシシも必死。人間も必死。今みたいにトタン板やら電気柵なんてないもん。木の柵では腐るし、結局、足元にようけ転がっとる石がいちばん使い勝手のええ材料やったんと違うか」

イノシシの害に悩まされてきたのは熊野地方に限らない。たとえば、遠州では雑木の上部を切り取って生垣とし、合間に杭を打って竹や枯れ木、丸太などを蔓で絡めて頑丈な柵にした。ヨーロッパ

一時的な獣害の減少と、農業事情の変化によって使われなくなったシシ垣。その後は修繕されることもなく、崩れつつあるところが多い。新宮市熊野川町谷口。

木のように腐らず、山中にたくさん転がっている石は、シシ垣に最適の材料だった。

にも同じ方法がある。ウサギをはじめ里山の動物たちが主人公になっている英国の人気物語・ピーターラビットの舞台は、生垣のある田園地帯だ。

奥三河の焼き畑地帯では、杭を打ち込んで横木を互い違いに組んで垣を築いた。この種の外囲いを中部地方ではワチといった。転じて、囲いで守られた集落自体をワチと呼ぶようになる。洪水よけの堤防で守られた村落を輪中と呼ぶのも、その名残であるとされる。

石の少ない地域では、以上のように雑木や竹、柴を使って垣を築く。そうした作業に向く刃の厚い鉈鎌の類を、豊後地方ではワチ切り、シガキ鎌（シシ垣鎌）などと呼んできた。用途の名前がつくほど出番が多かったわけである。

熊野と同じように、石で築かれた垣も各所にある。対馬のシシ垣は昔の牧場跡という説もあるようだが、イノガキという名で呼ばれているところからすると、元はイノシシ除けであったと見てよいだろう。対馬はイノシシの被害に悩まされ続けた島で、あまりのひどさに、江戸中期には藩をあげた大掃討作戦がとられている。島民を総動員し、足かけ8年で3万頭のイノシシを駆除。食害をようやく鎮静化させたという。

沖縄北部の国頭《くにがみ》地方では、シシ垣はイヌガキの名で呼ばれる。イノ垣の意味であろう。瀬戸内の小豆島《しょうどしま》ではシシ垣をシシ門と呼んだ。石垣や白い真砂土《まさつち》を練った土塀で、人が出入りする木戸があった。開け閉めするときの音からガラガラ木戸とも呼ばれていた。作られたのは寛政2年（1790）だが、明治8年（1875）に豚の疫病が伝染し、小豆島のイノシシは全滅したため無用の長物となった。

農耕の始まり以来の陣取り合戦

イノシシの分布限界は積雪量で決まるとされる。シカと比べると脚も首も短く、もっぱら地表や地中の餌を探す。積雪が30cmを超えると活動が阻害されるため、もともとは傾斜の緩やかな丘陵地を好んだ。少し前までの常識では西日本を中心に分布する動物で、昭和の前期には茨城県の八溝《やみぞ》山系が北限とされていた。獣害問題が社会問題化した近年、イノシシの分布が北上し、東北まで達しつつあることがニュースになっているが、これは正確な表現ではないようだ。なぜならイノシシは、江戸時代は本州最北の青森にまで生息していたからである。

寛政2年（1749）、陸奥《むつ》の八戸《はちのへ》藩で死者3000人に及ぶ飢饉が起きた。主因は親潮がもたらす夏の冷たい北東風、やませによる凶作だが、追い打ちをかけたのがイノシシによる作物の食害だったという。ゆえに「猪《いのしし》飢《け》渇《がち》」（猪飢饉）と呼ばれる。

被害が集中したのは、商品価値の高いダイズに特化していた焼き畑の村だったそうだ。焼き畑は数年作付けしたあと放置して原野化させる。雑木が育ったころを見計らって再び火を入れると、育った木の灰が肥料になるというシステムだ。連作障害を避けるため、複数の作物を計画的に輪作していた。

しかし、外貨を稼ぎたい藩の政策でダイズの単作が半ば指示的に奨励され、いざというとき助けになるヒエやキビなどの雑穀が軽視された。ダイズばかりになったその畑をイノシシが襲った。もともと焼き畑のサイクルはイノシシの好物であるワラビやクズ、寝屋《ねや》に適したススキなどを増やす要因になっており、いつ大被害が起こってもおかしくない状況にあった。

人の暮らしと自然とが背中合わせの地域では、イノシシとの葛藤が起こりやすい。象徴的なアニメ映画が、宮崎駿監督の『もののけ姫』だ。作品の中では、森を切り拓きながら農具や武器の材料となる鉄を生産し、集権構造を拡大しようとする新住民に対し、太古から森（照葉樹林）で暮らしてきた先住民族の象徴としてイノシシが描かれている。

狩猟採集の時代、イノシシは自然から人への最大級の贈り物だった。縄文遺跡からは、食べた後の骨だけでなくイノシシをかたどった土器や土偶も出土している。肉量豊富で多産でもあるイノシシは、たんなる食糧ではなく、豊饒の神のような存在にも位置づけられていたと考えられている。

縄文時代、人が住んだのは開けた明るい丘陵である。その土地は樹木や草をわざわざ石器で伐って拓いたわけではないだろう。野火や、狩猟のための火入れによって見通しのよくなった場所を利用したに違いない。攪乱によって日が差すようになった地面や林縁には、イノシシの好むクズやワラビ、ジネンジョが真っ先に生えたことだろう。また、三内丸山《さんないまるやま》遺跡の例が示すように、集落の縁ではクリ

那智勝浦町高津気に残るシシ垣。獣の侵入を防ぐには、石垣の高さは1～1.5mは必要だったようだ。

の木も大切にされていた。森の生き物であるイノシシが、それらの好物に釣られるように人里まで出て来ていたことは想像に難くない。

人里には犬というオオカミに似た天敵もいたが、オオカミほど執拗ではなく、人間の指示がなければ深追いしてこないことも経験的に知っていた。ふだんは森深くに住み、夜陰に乗じて人里に近づいてくる獣《けもの》。狩猟採集の時代、イノシシはそのように思われていたはずである。そして、そのことは縄文の人たちにきわめて都合のよいことでもあったろう。各地の縄文遺跡では、集落を取り囲むように落とし穴の痕跡が確認されている。当時の落とし穴は、山と人里とを分かつ結界である今のシシ垣のような位置関係で存在する。

農耕が始まると、イノシシは一転して自分たち人間の食糧を脅かす害獣という立場になった。幸＝授かりものとしての一面は現代においても残るものの、人とイノシシは基本的に敵対関係だ。獣害は人間が農耕を選んだ結果の宿命であり、完全に防ごうと思えば、相手を殲滅《せんめつ》させるか、作物を守りきるしかない。

江戸時代の対馬における大掛かりな掃討はまさに殲滅作戦だが、ある程度成功をおさめたのは離島だったためである。日本全体の規模で考えると、当時の技術力で根絶やしにできる相手ではなかった。庄屋が藩から何丁かの銃を借りて農民に使わせたり、専業の猟師に報奨をつける、あるいはシシ垣のような構造物を築くしか対策方法はなかったのである。

明治以降、イノシシは一転して分布域を狭める。文明の近代化で活発になったさまざまな生産活動が、すべて自然を破壊する方向へ収斂し、野生動物に対し駆除行為に等しい圧迫を与えたためである。地域によっては家畜と共通の伝染病が流行し、イノシシはすっかり忘れられた獣になった。大正末期に東北を旅し、動物の話を採集した民俗学者の早川孝太郎は、マタギたちがイノシシを一度も見たことがないと聞いて大いに驚いている。

里は天国、昨今のイノシシ害は人災

紀伊半島中に張りめぐらされていたシシ垣の長さは、延べにして数千kmにも達するという。その規模が示しているのは、攻めの獣害対策の限界である。現在は有害駆除の出動手当や捕獲報奨金、箱罠の設置に対する補助、罠の運用に関する規制緩和など、攻めの対策にもかなりの力が注がれている。環境省も捕獲という言葉を掲げ、ワイルドライフマネジメント（野生動物管理）の中核になりうる狩猟者を育成しようとしている。駆除獣の肉や皮を有効活用し、地域の活力に結びつけようという動きも各地で進む。

施策の効果もあって、ここ数年、シカやイノシシの駆除頭数は右肩上がりで増えている。しかし、農業被害金額の総額は200億円台という高水準で推移したままだ。被害面積に関してはむしろ増えており、全体としての捕獲効果は出ていないということになる。

獣害対策の基本は、やはり守りにあるようだ。

『農林業における野生獣類の被害対策基礎知識』は、イノシシの害を防ぐ方策として「田畑を効果的に囲う」「適切な駆除を行なう」という対症的な措置にさきがけ、まず「イノシシが嫌がる環境を作るべき」であると、予防の大切さを強調する。餌付け行為に等しい野菜くずの放置や無造作な投棄をあらため、食べなくなって落ちるにまかせている果樹は迷わず伐る。田畑との境にある山や土手は

水田を囲う電気柵。イノシシが触れると感電するが、鼻以外ではさほどショックを感じないらしい。

昔のように下刈りし、イノシシが身を隠しやすい茂みを作らないことが先決だと説く。

小雲取越にあるシシ垣へ案内してくれた滝尻伍一郎さんは言う。

「農家が野菜をほかすというのは、昔やったら考えられなんだことやの。今、スギを植えてあるところは昔は柴の山やった。生の葉っぱを刈って堆肥にして、田んぼや畑に鋤き込んだんや。昔は山をただ遊ばしとくということはなかった。食いもんにしても無駄なんか出やんかったよ。わしが戦争から帰ってきたとき、このへんでは何も食べるもんがなかった。山に入ってイモ（ジネンジョ）掘って凌いだぐらいや。イノシシの餌を人間がかすめ取りに行った時代さえあったんやで（笑）」

滝尻さんは、イノシシによる農作物への被害は、獣害ではなく人災だという。本来、イノシシは澱粉を含む根茎類やどんぐりを食べていた。拡大造林時代、昔から薪炭林として使われていた雑木林が一斉に伐られ、スギ、ヒノキに改植された。このことで自然の餌場が縮小した。一方で人里には、トウモロコシ、サツマイモ、コメ、果物といった興味深い存在がある。それらは品種改良により年々甘みを増し、イノシシにとってもより魅惑的な味になっている。

かつては里へ近寄ると、すぐに犬が吠えかかり鉄砲で追い回されたものだが、最近は犬も短い鎖で

畑全体をトタン板で囲い、サル対策として上を網で覆う方法。効果は高いが労力や費用はかさむ。

つながれ、鉄砲の弾も飛んでこない。緩んだ警戒線を越えて味を覚えたイノシシが、人里のほうを天国と思い込んでしまうのも無理もない。シカやサル、そしてヒヨドリのような鳥の害についても同じで、原因は守りの意識の欠如と農家自身が生き物を呼び寄せてしまっていることにあると、滝尻さんは看破する。

とはいえ、雑木が豊かだった昔もイノシシの害は多かった。ひとりでやっと持ち上がるかどうかの重さの石を何kmにもわたって積み上げたシシ垣の執念を見れば、かなり深刻な問題であったことは間違いない。

石積みは防御と狩りと開墾の一石三鳥

ではシシ垣は、秦の始皇帝が異民族の侵入を防ぐために兵や農民を大動員して築かせた、万里の長城と同じ発想の構築物なのだろうか。暗いスギ林で苔むす石垣を見ながら滝尻さんの話を聞いていると、どうもそれだけではない気がしてきた。

シシ垣の外側（集落から見て）には、ところどころ深い穴が設けられている。今は危険なため埋められているが、深いものでは2mもあったという。これは垣に沿って移動する獣を捕獲する落とし穴だったらしい。シシ垣は防戦のためだけでなく、近寄った獣をちゃっかりいただく攻めの装置でもあったのだ。ひとつの構造物に、縄文と弥生の視点が共存しているのが興味深い。

この長大な垣の設置は、もうひとつ大きな意味合いを含んでいたように思える。

注目したいのは、シシ垣が残っているスギ林は戦前までは柴山で、その枝葉を田畑の肥料に鋤き込んでいたという滝尻さんの証言だ。今でこそ食料は満ち足りているが、少し前までの日本は慢性的な食糧不足で、コメの自給率が100％に達したのは1960年代の終わりである。腹いっぱいコメの飯を食う悲願を達成するため、農民は少しでも生産性を上げようと工夫をこらし汗を流してきた。ソフトとしての知恵は緑肥に象徴されるバイオマス資源の徹底利用で、ハード部分での対応は、たとえば奥山の開墾である。

山の斜面を切り拓くと石がごろごろ出てくる。それを根気よく取り除き、傍らに整然と積み上げた結果として生まれたのが、よく知られる棚田の風景だ。シシ垣の設置もイノシシの防除だけが目的ではなく、開墾とワンセットの事業で一石二鳥を狙ったものであったと考えると、石を積み上げた人たちの労働も苦役ばかりでなく、その後のなにがしかの喜びにつながるものであったように見えてくる。

熊野の山里は石垣の里でもある。ふたつと同じ形のない石を巧みに配置しながら積み上げ、強固で美しい屋敷の基礎や棚田を築く技術は一朝一夕に習得できるものではない。これらの石組みに比べれば、山中のシシ垣はいかにも簡素だが、積み上げる際の法則はしっかり踏襲されている。近年の護岸工事で見られるような、石を使っているという既成事実を作っただけの近自然工法よりは数段合理的で美しい。

石垣を組む職人集団を黒鍬衆《くろくわしゅう》というが、『紀和町誌《きわちょうし》』によると、以前は熊野にも黒鍬衆が少なくなく、農閑期には遠方の現場に出稼ぎに出たものだという。手作業で石を積み上げていく作業は、今の私たち

開墾の際に出た石は棚田の石垣に利用された。シシ垣を積む工法も長い間に培われた技術だったに違いない。新宮市熊野川町大山。

から見れば難事業にも映るが、当時の職人にとってそれほどの苦労でもなかったのではないか。そうでなければ、緻密な機能美を土台に持つ棚田集落があれほどあちこちにあるわけはないし、山中に張り巡らされたシシ垣のあきれるような長さも説明がつかない。

シシ垣が、実際にどのような手順を踏み築かれたかは定かでないが、家単位の財力でできるものではなかったことは明らかだ。紀州藩は新たに田んぼを造成した者には作徳と称し、3年間年貢を免除したという。藩は窮民対策としても開墾を奨励した。今でいう雇用創出事業で、村々にはそのための「郷役米《ごうやくまい》」も蓄えさせた。シシ垣の造成もそうした田地普請、すなわち財政基盤強化と失業対策を兼ねた公共事業の一種であったと想像すると、多くの疑問が解けていく。

芒《のぎ》の長い作物を植えた山村の知恵

棚田がある地域の古老と茶飲み話をすると、かつては相当な奥にまで小さな天水田があったという話を聞くことがある。水が溜まる場所なら、たとえ笠1枚、わらじ1足分の広さでも苗を植える。そして、1株から1粒でも多くの実りを得たい。これがかつての日本の、とくに山国の人々のコメに対する執念である。

シシ垣の成立を考えるうえで注目したいのは、棚田へ肥料として入れる草や若い柴、屋根材のカヤを刈る採草地の存在だ。山の斜面の石を掘り起こし、長々と積み上げれば、イノシシを里へ降りさせないための垣ができる。石を取り除いた結果、畑としてはでこぼこして使いにくいものの、草や柴を生やしておくには十分な採草地が内側に確保されたはずである。

土や地形の状態がよければ畑としても使えただろう。イノシシはあまり好まないが、人にはそこそこ利用価値のある作物を植えれば、人家周辺の田畑との緩衝地帯としても機能する。かつてイノシシの被害に見舞われた地域には、イノシシが嫌う芒（のぎ＝禾）の長いヒエや稲を積極的に植えたところもある。稲にはシシクワズという品種もあり、滋賀県のように獣害対策の新たな切り札として再評価実験に取り組む地域もある。

芒はイネ科植物の種子（籾）の先端にある長い突起だ。ガラスと同じ成分のケイ酸が多く含まれるので、糸のように細い芒は針なみに鋭い。芒はしばしば農民にもめんどうな存在であった。指に刺さったり、目の中に入ると作業どころではなくなってしまうぐらいだから、口へ入れたイノシシにもそれなりに食べにくいはずである。

先人たちはどのように野生動物たちと向き合ってきたのか。自然が都市の眼前まで迫ってきている今、その知恵を俯瞰しておくことはきっと無駄ではない。熊野地方に人知れず眠るシシ垣群は、人と自然の折り合いの付け方を示す貴重な証言者である。

〔2003年取材〕

薄暗い林内で苔むした那智勝浦町高津気のシシ垣。

シシ犬

シシの寝屋を見つけんと仕事にならん

熊野川町猟友会会長の滝尻伍一郎さんが銃猟の免許を持ったのは49歳のときだ。ハンターとしてはかなりの遅咲きだが、猟歴すでに30年以上、これまで仕留めたイノシシの数は360頭にのぼる。初冬の一日、滝尻さんに熊野の山の中を案内してもらった。

「猟するのにまず知っておかんといかんのは、シシがどこで寝とるかということやな。シシが寝る場所を寝屋というんやけどね、見つけんと鉄砲撃ちは仕事にならんよ。シシは寝屋を4つか5つ持っておって、これを使い分けとる。夏は風のよう通る涼しいところ。冬は日当たりのええ東や南向きのところやな。寝屋に共通するのは、敵がどっちから来ても安全に逃げられるところに構えとるということ。谷の真ん中のような、すぐ追い詰められてしまうようなところにシシらはまず寝屋は作らんわ。ゆるい尾根どうしが出会うた、それも4つも5つも逃げ道があるような小さい峠の平場によう構えたあるな。

寝屋はひと目見りゃわかる。とくに夏やったら誰でもわかる。すごいことになっとるわ。シダやらカヤを口で刈り込んでくわえてきての、山みたいに積んどる。そこだけ枯れとるから、ああ、これは寝屋やとすぐわかる。シシはこの草の中へ潜るんや。虫除けやろな。あれらも、蚊やらブト（ブヨ）に食われるのはいややさかいな。寝屋は大きいよ。1頭ずつ寝るんやけど、大きなもんやったら4畳半ぶんぐらいはある。あれらは、いくつか持った寝屋を移動しながら、餌を拾いに出るんや」

熊野古道から少しそれた照葉樹の林に、土を掘り返した跡があった。イノシシがシイやカシの実をあさった跡だ。ひっくりかえった落ち葉や土はまだ湿っていて、真新しい踏み跡が点々とついている。

シシ猟のことを話してくれた滝尻伍一郎さん。猟歴30年以上、熊野の山とイノシシ、そして猟の今昔を誰よりもよく知る。

「夕べ掘ったんやな。シシらは夜間出勤で（笑）、9時ぐらいから真夜中の2時ぐらいまで餌を探してうろうろと歩き出す。夜が白んできたら、また寝屋へ戻って寝るんよ。わしらのシシ猟は、犬を使うてその寝込みを襲う奇襲戦法や。相手が歩き回っとるときは、とてもやないが近づけるもんではないぜ。そこは野生動物、はしこいよ。

足跡の大きさや数、方向は大事な情報。糞や足跡の“鮮度”も、犬の追跡能力を左右する要因だ。

写真手前の水たまりが、のた場（ぬた場）。ここの痕跡もイノシシの行動を知る貴重な手がかりになる。

まともに勝負したら人間はかなわん。せやさかい頭使うんや」

寝屋のありかを探すには、まず自分がイノシシの気持ちになってみることが大切だと滝尻さんは言う。どこが安全か。また快適か。餌場は近いのか。それを考えれば、初めて入る山でも寝屋の場所を絞り込めるという。

イノシシのもうひとつ大切な生活場所に、のた場（ぬた場）がある。体に付いたダニを落とすための泥風呂のようなもので、暗い谷あいの湿った窪地を利用する。のた場も、その山を縄張りにするイノシシの大きさや数を知る大事な手がかりだ。

山の中に、代かきした田んぼのようなぬかるみがあれば、それがイノシシののた場である。最近は耕作放棄された里地の水田を使うことも増えてきた。転がりながら体全体に泥をこすり付けた跡。泥の上にくっきりと記された無数の足跡。近くの木や石にはイノシシが背中をこすり付け、泥と一緒にダニを落とした痕跡も見られる。

のた場で泥まみれになったイノシシが、泥と一緒にダニを落とすため近くの木に体をこすり付けた跡。

「シシに付くダニは2種類おって、ひとつはゴウゾっていう1円玉ほどもある大きな平たいダニや。もうひとつはアイコという小さいやつ。シラミもおるの。あんまりたくさんたかられると、シシも難儀するんや。こいつ、大きさの割に痩せとるなと見たら、ダニがどっさり食いついとることもあるよ。それを落とすのに、シシは体に泥を塗ってこすって落とすんや。大きなシシは肩のところの皮がものすごう厚い。わしらは木こすりと言うとるが、木こすりの泥が残る高さを見ると、シシの大きさがわかる」

これら寄生虫は人にも食らいつく。仕留めた獲物から移ることもあるし、山を歩いているときに草の先から服の間に潜り込まれることも少なくない。食いつかれないように、昔は山に入るときはアセビの枝を折って脛のところを払ったという。半分はおまじないだというが、殺虫剤としても使われてきた毒草のアセビのことだから、多少の忌避効果はあったかもしれない。最近はキンチョールをひと吹きするそうである。

「ダニ、シラミに食われたら痒いで。人から人に移るしの。昔、一緒に山行った若い者が、おかあちゃんにアイコうつしてえらい怒られての。下のとんでもないところに食いついたんやと。そら、仲ええことやないかいってみんなでからこうたけどな（笑）」

必ず尾根側から谷側へ追い落とす

寝屋を見つけたからといって、簡単に捕れるほどシシ猟は甘くない。不用意に近づけば、すぐ気配を察知して逃げてしまう。

「必ず尾根から谷へ向かって追い落とすこと。あれらは上りには強いが、下りには弱い獣《けもの》やさかいの。谷へ落としていくとまるきり馬力が半減してしまう。シカの場合は犬を上からかけても下からかけても、いっぺんは尾根に上ろうとするけど、シシはいっぺん下向いたらずっと下りていく。谷は下へ行くほど逃げ場が狭うなって、向かう方向が限られてしまう。それに足元が滑る。人間も山入るときは同じやろ。こけるときはたいてい下り道や。そうこうして、シシは最後には犬に追い詰められてしまうわけけや。

それでも、シシらは逃げながらもちゃんと足元見とるで。野堤《のて》という獣道《けものみち》を伝うて逃げるんや。

寝屋を飛び出たシシは、まず野堤へ向かう。勝手知ったるわが道やさかい、ここを走っとる限りシシのほうが有利や。野堤はようわかるよ。踏み固まっておって、ちょうどシシの体ぶん、縁の草が薄なったある。よう見ると、のた場でつけてきた泥が草の葉について白うなったるわな」

グループ猟のときは、上から犬を放す役目の勢子と、谷底近くの野堤の近くに待機している射手に分かれる。広大な山中のどこにいるとも知れないイノシシを、銃の筒先まで的確に追い込むことは知恵と経験のなせる業である。

イノシシが通ったときシダに付着した泥の位置（高さ）も、獲物の大きさを知る手がかり。

「けど、野堤を走っとるイノシシに銃を向けても、なかなか当たるもんではないよ。猪突猛進というぐらいで、早い、早い。野堤いうんは、熊野古道のような道と同じで、山の中でも歩きやすい場所につけたある道やさかいな。シシ捕るときの秘訣は、この野堤を踏み外すように仕向けること。つまり慌てさせて道を迷わせ、自分の居場所をわからんようにしてしまうことや。焦らせると、あれらも判断を誤る。そのとき初めて捕れるきっかけが生まれるんやの」

寝屋を見つけたら、イノシシがどの野堤を走って逃げるか、あらかじめ見当をつけておく。その寝屋に確実にイノシシが寝ているかどうかの見極めも大切で、判断材料のひとつが足跡の鮮度だ。

「ここについとる足跡は、もう3、4日たっとるの。こんだけ時間がたってしまうと犬も関心を持たん。通ってから間がのうて、シシのにおいが強いほど犬はいきり立つさかい、そういう反応を含めて見切るわけやな」

寝屋に適した場所は広い山の中でも限られるので、イノシシたちは入れ代わり立ち代わり利用している。つまり共有しているらしい。野堤は逃げ道であると同時に、彼らにとっては生活道でもある。寝屋と同じく複数のイノシシが使っており、山の特徴さえつかめば猟の戦術はさほど難しいことではない。

絶対に筒先で獲物を追わない

犬は必ず寝屋より高いところへ連れて行き、そこで放す。イノシシのにおいを嗅ぎ取った犬は、寝屋へとまっしぐらに走り降りる。犬の声に驚いたイノシシは、寝屋から飛び出し必ず谷の方向へ逃げ出す。

「そうなれば半分は捕れたようなもんやな。シシは下るんが苦手やろ。犬がギャンギャン吠えながら近づいてたら焦りよる。下りの足元は滑りやすい。野堤走っとるつもりで、いつの間にやら道を踏み外してしまう。谷もだんだん狭まってくるさかい、逃げ場はのうなってくる。わがのおるところがわからんようになったシシは、必ず見せる行動があっての。暗いところで立ち止まるんや。こういうときは身を隠さんならんと、本能がそうさせるんやろう、必ず日の陰を背負うたところで足を止める。

仕留められたイノシシに食らいつく猟犬たち。新宮市熊野川町谷口。(滝尻伍一郎氏提供)

人間の戦かてそうやろう。道もわからん山に入ったらよ、とりあえず岩や木の裏みたいな目立たん場所でじっとしようとするやろ。猟では、そういうとこへ追い込んだら犬の勝ち。においでわかるさかい、人間が行くまでに食らい込んだり、取り囲んで止めとるわ」

野堤を上手に逃げるイノシシもいる。これを迎え撃つために、主要な野堤の近くにはあらかじめ射手を待機させ、逃げ道をふさいでおく。これがグループ猟のやり方だ。いわゆる巻き狩りで、紀州のシシ猟は7割がこの方法だそうである。野堤を走ってくるイノシシを撃つときの基本は、絶対に筒先でもの（獲物）を追わないことだという。

「銃の先で追うたら、まず当たらん。走るシシを見やんと、その先々を見るんや。走り込む先で銃を止めておいて、シシの姿と重なったとき迷わず引き金を引く。銃で追いかけたら引き金引いたとき弾は上向いてしまう。射程に入るまで引き付けるということやな」

ええ犬持っとったら鉄砲さえいらん

猟は野生動物との駆け引きである。滝尻さんは、中途半端な気持ち、遊び半分ではまずイノシシは捕れないと断言する。

「わし、いつでも若い者に言うんや。シシ撃ちに山へ入ったら〝夕べの新宮の飲み屋の子はべっぴんやったな〟というような話は絶対すなと。シーバー（トランシーバー）で連絡を取り合うときも、しょうもない話はしたらいかん、気持ちをシシに集中せいとの。犬が一生懸命シシを追うとるのに、人がたるんでおってはいかんわの。シシ猟は人と犬の共同作戦。それがわからん者は、どない高い犬持っとっても飼い主失格やな」

シシ猟の成否は犬に負うところが大きい。にもかかわらず、最近のハンターは犬の使いこなしができていないと滝尻さんはぼやく。

「やみくもに犬を放すだけ。運がよければ目の前に獲物が出てくることもあるやろ。けどそんな方法ではいかん。300町歩《ちょうぶ》からある山の中や。2丁や3丁の鉄砲ではとてもやないが足りんぜ(笑)。宝くじより率が悪いわ」

追いかけているイノシシの動きは犬の鳴き声のする方向や大きさ、鳴き方が頼り。呼び戻すときに犬笛を使う。

シシ猟は犬を仕込むことから始まる。実猟に使えるようになるのは2年目ぐらいからで、その間、さまざまな訓練を辛抱強くこなさなければならない。犬を実戦に使えるように仕込む過程で、飼い主もさまざまなことを学んでいく。

「賢い犬さえあれば、シシ猟はひとりでもできるよ。鉄砲の腕よりまず犬や。ええ犬持っとったら、昔はそれこそ鉄砲さえいらんほどで、犬が勝手に捕ってくれよった。外国に、牧場で羊追わす犬おるやろ。猟犬もあれと同じじゃ。犬がよけりゃあ羊を追うようにシシを目の前まで持ってきてくれて、人間が追いつくまで足を止めておいてくれるんや。

わしが前に飼うとった3頭は賢い犬らやったな。ハウンド系統がひとつと、あとのふたつは自分で工夫してこしらえた系統。放したら三方から噛み止めて、シシを動けんようにしてしまうんや。この3頭だけで年に38頭捕ったことがあった。犬には集団心理があっての、仕込まんでも自分らで協力し合うことを身に付けるんや。学習やの。こればかりは人がいちいち教えてできることではない。せやさかい、犬飼うときは1頭より何頭か一緒に飼うたほうがええ」

この3頭の犬の活躍が狩猟専門誌に紹介されたことがある。すると、3頭まとめて譲ってくれという人が現われた。ひと昔前の話だが、提示された額は1000万円。

「名犬というのはめったに出ん。名刀を欲しがるようにいくら払っても欲しいという人もおるんやな。けどな、めったに出んもんやから育てた喜びがある。もちろん断った。売らんかったよ。今思えば惜しいことかもしれんの（笑）」

年明けの発情期、山のイノシシが集まる

狩猟解禁は11月。ハンターにとっては待ち遠しいシーズンの到来だが、シシ猟自体の醍醐味は、年明けの1月からだと滝尻さんは語る。

「今は決まりで犬を繋いで飼わんならんやろ。せやから、まず犬を山に慣らす時間がしばらくいるんや。解禁当初の犬は運動不足やし、シシに対する勘もまだ鈍い。犬が仕上がらんことにはええ猟ができんさかいの」

イノシシも秋の気配があるうちは分散傾向にあるため、遭遇確率が低い。年を越すと、状況はずいぶん変わってくる。

「寒猛《かんだけ》りというて発情に入るんや。飼うとるシシは年に2回産むとも聞くけど、山ではそんなに産んでないと思うな。子を連れたシシは偉いもんやで。雨降ったときは昼間でも出てきて必死に餌探しとるよ。乳吸われるさかい腹減ってしゃあないんやろう。とくに最近は、植林ばっかりで山に餌がないやろ。あれらもたいへんやな。みかん畑荒らしたり、海端まで出て魚の加工場のごみ漁《あさ》ることもあるけど、みかんやら魚のあらを食うたシシは捕っても味はようないの。やっぱり、山でどんぐりやらユリ根、ジネンジョなんかを掘って食うとるシシの肉のほうがうまい」

寒猛りのころは、シシ肉でいちばん価値がある脂肪が一段と厚みを増す。また、オスとメスが同じ場所に集まりだすので猟の確率も上がる。

「遠いときは10㎞、20㎞と山を歩くんやが、寒猛りの時期はひとつの谷で捕れる。多いときは朝に撃って昼に撃って、午後遅くにもうひとつ。ひとつの山で3頭捕ったこともある。そういうこともあるから面白いな」

いちばんイノシシが捕れたのは1980年前後。4人でグループを組んだときだ。正味92日の猟期の間に撃ったイノシシの数は定かではないが、肉を売った金額は今も覚えている。合計480万円。ひとり120万円の稼ぎになったという。

チームワークと優秀な犬、そしてイノシシの当たり年が重なった、かつてない年だった。

紀州犬の実猟特化系統と交配雑種

滝尻さんは、現在7頭の犬を飼っている。猟のときは、この中から4頭を交替で山へ連れて行く。

「いつも行く山の場合は、掘り返しの跡や、のた場、野堤の草についた泥の位置、落ちとる糞の大きさを見て、シシはこれぐらいの大きさやろう、そやったら、明日はあの犬を連れてこようかと作戦を考えるんや。シシが大きいなるほど犬の数は減らしていくのが基本。いや、逆ではないよ、大きいシシほど犬をたくさんかけたらいかんのや。たくさん仲間がおるほど集団心理で強気になるやろ。皆でわーんとかかっていくさかい、牙でまくられて一発でやられてしまう」

猛り狂ったオスイノシシの牙は恐い。軽く触れただけで犬の腹が裂ける。腹膜まで切れれば腸が飛び出す。そのため猟のときは包帯が必需品だ。もちろん人間に向かってくることもある。猟を始めたばかりのころの滝尻さんは、ある日、大イノシシに遭遇。弾を4発撃ち込んだにもかかわらず、そのイノシシは倒れなかった。

幸い木の上に逃げることができたが、向かってきたときに鼻先で足をすくわれ、ズボンの上から牙で脛《すね》を切られ16針縫う大怪我を負った。傷跡は今も残っている。なんとか仕留めたそのイノシシは、今も自己記録の167kgだ。

「犬は仲間が大勢おると、そんな化けもんみたいなシシにも平気で向かっていく。小さいシシやったら食いつかしておけばええんやが、大きな、とくに牙を持つオスやと怪我してしまう。仲間が少なければ、犬かて自信がのうなる。むやみにはかかっていかず、間を取るぶん、怪我をすることもないわけやな」

寝屋に潜むイノシシが大きそうな場合は、犬の数を減らすだけでなく、性格も見て選ぶ。犬の第一の役目は、イノシシを追い出し、鉄砲を持った人間が追いつくまで足止めして時間を稼ぐことだ。

「声の大きな犬がええね。よう声が通る犬は、昔から1頭で2頭分の働きをすると言うたもんよ。いちばんシシを捕った年に飼うとったハウンド系がそうやった」

犬は、必ずしも勇猛な性格である必要はないとも言う。

「そらみごとにアキレス腱を押さえたり、自分の何倍もあるシシの耳の後ろに食い下がるやつもおるけど、食いつきに行く犬だけがええわけではない。わしが最初に見るのは気性やな。性格は犬種によってもある程度の傾向が出てくるの」

近年よく使うのは雑種だという。純粋犬種もいろいろ使ってみたが、結論は「シシ猟は雑種でよい」ということだった。

「どんなええ犬種でも、使ううちに物足りんところが見えてくる。ほかの犬の血で補おうと掛け合わせていくと、雑種になってしまうんやの」

自分の手で、何年もかけながら納得ゆく性格の犬を育てていくのも、猟の大きな楽しみだと滝尻さんは語る。

「熊野やったら紀州犬がおるやろという人もいてるけど、わしらの仲間は使わんの。たいてい雑種や。なんでかいうたら、純粋の紀州犬は今のシシ猟では使いにくいんや」

紀州犬は、紀伊半島在来の地犬《じいぬ》である。昭和の初期、洋犬との交雑で純粋な日本犬が減り始めてい

紀州犬が天然記念物に指定されたのが昭和９年。その第１号が古座川町のダイだった。

ることを憂いた人たちが起こした保存運動のなかで見出された。紀伊半島には太地《たいち》、熊野、日高などの各地に在来の犬がおり、それらに共通する特徴を備えた犬を「紀州犬」と統一して呼ぶようになった。

名犬と評判が立った犬の子は、昔もあちこちから所望されたであろうことは想像に難くない。だが、そこは交通不便な時代のこと。血の交流範囲は狭く、結果として地犬と呼ぶにふさわしい顔かたちの犬が各所に生まれた。

方言がそうであるように、細かく見分ければ地域差はある。だが、日本犬全体で見れば、山深い紀伊半島の犬には一定の共通形質が見られる。１９３４年、紀州犬は秋田犬、甲斐犬に次ぎ、日本が誇る犬種として天然記念物に指定された。その第一号は、古座川沿いの村で飼われていたダイという名の地犬である。

国際畜犬連盟の指針に沿って犬種の基準を定

滝尻さんが交配した雑種の狩猟犬。外見的要素より狩猟能力を引き出すのが目的。人には従順だが、いざ猟となると立派に役目を果たしてくれる。

め、血統を管理しているジャパンケネルクラブは、紀州犬の特徴を次のように挙げる。

一般外貌……均整のとれた筋肉のよく発達した中型犬で、立ち耳と巻き尾または差し尾。頑健な骨格で、よく引き締まる。

習性／性格……たいへん忍耐強く、素朴感の中に、気品と精悍さを有す。性格は忠実、従順で警戒心に富む。

毛色……白、赤、胡麻

サイズ……体高オス52cm、メス49cm。それぞれ上下3cmまでとする。

現在、純粋紀州犬の多くは家庭犬として飼われているが、狩猟の世界では「○○系紀州」などと呼ばれる、実猟に徹した一群もある。

これらは各犬舎が独自の考えで交配と選抜を進めてきた紀州犬で、外見的要素よりも、紀州の在来犬が本来持っている猟能に特化させている。犬種とは、そもそも民衆の生活の中でゆるやかに作り上げられてきた文化的産物。イノシシの被害に悩まされてきた紀伊半島では、犬は田畑を守る番犬であり、イノシシを狩るときにも欠かせない相棒だった。

イノシシを捕るのがよい犬だとして、品種の枠すら取り払って自由に交配された滝尻さんの愛犬などは、まさに現代の熊野地犬といってよいのかもしれない。

300年前の名犬伝説に始まるオオカミ起源説

美しい棚田が連なる三重県御浜《みはま》町阪本《さかもと》地区に、ひとつの紀州犬伝説が残る。今から300年ほど前、この地に弥九郎《やくろう》という腕のよい鉄砲撃ちがいた。ある日、用事を済ますため新宮まで行った弥九郎は、帰り道、1頭のオオカミが苦しそうにうずくまっているのを見つけた。見れば、のどに大きな骨がつかえている。弥九郎が骨を抜いてやると、オオカミは元気を取り戻し、礼を言うように後をついてくる。

オオカミの律儀な姿を見た弥九郎は「もう送ってくれずともよい。その代わり、おまえに子供が生まれたら、ひとつ分けてくれ」と言って帰した。

半年後のある朝、子犬のような鳴き声に気づいて家の外へ出てみると、そこにいたのはまるまると太ったオオカミの子。マンと名付けられたそのオオカミは狩りが巧みで「弥九郎の犬」と呼ばれ、近在でも一目置かれる存在になった。

ある日、殿様が巻き狩りをするというお触れが出て、弥九郎とマンも加わった。殿様は山の高いところから狩りの様子を眺めていたが、そこに手負いのイノシシが現われ、あろうことか殿様をめがけて走りかかってきた。伴の者がうろたえ騒いでいると、1頭のオオカミがイノシシに飛びかかり、のど笛へ食いついて倒した。弥九郎のマンだった。殿様は感謝し、たくさんの褒美の品を弥九郎とマンに遣わした。

ある日、マンがオオカミだと聞いた叔母が「オオカミは1000匹の命を殺めると飼い主にも襲いかかるから気をつけるように」と弥九郎に忠告したところ、翌日、マンは3回遠吠えして家を出、以来、帰らなかったという。このマンが今の紀州犬につながる、この地域の地犬の始まりだとする言い伝えだ。

亀田家の白い系統の紀州犬。

民話とはいうものの、弥九郎という人物は実在し、その墓を今も子孫が守っているそうである。紀州犬を大切に飼っている住民もいる。亀田《かめだ》昭治《しょうじ》さん（1942年生まれ）だ。

「地元の紀州犬審査会には出していますが、全国規模のコンクールには興味がありません。第一、うちの紀州犬はそういう晴れがましいところへ出せるもんやないですよ。私が紀州犬を飼い始めて20年になりますが、これらの元親はこの阪本で昔から飼われてきた犬。いわゆる熊野犬の系統です。ここは紀州犬の発祥という伝説も残る土地です。素朴でいいから、地域らしい犬の血を残していこうという考えで飼うてきました」

飼っているのは白い紀州犬で、現在4頭。子供のころに亀田さんが見て育った阪本の地犬は茶や灰褐色が中心だった。紀州犬の先祖はオオカミだという伝説も、フィクションとは言いきれないほどの迫力があったという。

白は高度経済成長期から阪本地区でも流行し始めた色だ。茶や黒灰色の地犬はいつしか消えたが、交配は近隣や知り合いの間で行なわれるなど、基本的には地犬時代と変わらない。

「今はみんな白になりましたが、弥九郎さんが飼うとったオオカミのマンの血も、少しは引いとるかもしれません」（亀田さん）

亀田さんが4頭も紀州犬を飼っているのには、もうひとつ大きな理由がある。

「獣除《けものよ》けですわ。田んぼを1町歩、畑を5反《たん》歩作っとるんですが、獣害が多い。タヌキにキツネに、シカ……。とくにひどいのがイノシシです。油断すると一晩で稲をだめにされてしまいますから、夜は犬らに番をさせています。紀州犬は獣の気配に敏感でよう吠えます。声の通りもよう山にこだましますから、獣もなかなか近づけません。助けられています。うちの場合、犬はペットではない。大事な働き手です」

紀伊半島には、まだ地犬本来の役割を果たしている紀州犬もいることを付記しつつ、話は再び熊野川町猟友会会長の滝尻伍一郎さんに戻る。

手柄を立てたとき、いちばんええ顔しとる

「わしらが猟に純粋紀州犬を使わんのは、いっぺんシシと格闘してやられて帰ったら、次はもう向かって行かんようになる傾向があるからや。臆病というよりも頭が良すぎるんやな、純粋の紀州犬は。それと、今の世の中では、猟犬としてはちょっと飼いにくい。ええ猟欲は持っとるんやで。けど、子供が甲高い声でひしくったり（叫んだり）するとパッと行って噛みつくようなことがある。子供の声は、シシが犬に食い込まれたときのギャーッという声に似とるんか、思わずそこへ行ってしまう。今は犬が人噛んだらたいへんなことになるやろ。純粋の紀州犬はそんだけシシへの執着が強うて繊細な犬なんや。雑種はその意味では性格がおおらか。はらはらさせられる危なさがない。今の時代には使いよいんや」

よい猟犬は子犬時代からわかると滝尻さんは言う。肩がしっかり張り、踏んばりが強い。脚そのものが細くても、足のにぎりが大きな犬は持久力がある。忠誠心も大事だ。誰にでも愛想を振りまく犬はかわいいものだが、せっかくよい猟犬になっても、見知らぬハンターについていってしまうことがある。

「主人にしかなつかんような犬がいちばん使いよいわのう」

足の早さ。持久力。鼻の効き。声の張り。接近戦のうまさ。よい犬の条件にはいくつかあるが、それらに当てはまらない犬は駄犬かといえば、そうでもない。

滝尻さんの若いころ、小型犬を使ってイノシシを次々に捕る名手がいたという。

「綿入《わたい》れ半纏《はんてん》の懐に入るような、座敷犬みたいに可愛らしいやつや。そんな犬でシシが捕れるかよと最初はみんな笑うたんやけど、きっちり捕ってきよる。不思議に思うての。聞いたら、そういう犬こそのうまい使い方があって、みんななるほどと思うた」

イノシシの寝屋を見つけたら、その小さな犬を放す。小兵とはいえそこは犬である。寝屋に向かって果敢に吠えかかる。イノシシは一瞬身構えるが、どうも声に迫力がない。カヤの布団を押し広げて外を見れば、そこにいるのはタヌキよりも小さな犬だ。

何を生意気なと、逆に犬をからかうように向かっていく。しかし、その体格差が慢心を呼ぶ。小さな犬に気を取られたイノシシは、近づいてくる人間の気配に気がつかず、簡単に撃ち捕られてしまうのだ。

「犬いうんは面白い生き物やで。昔、うちにアメリカンビーグルがおった。やさしい、やさしい犬で、家ではケンカもしたことがない。それを闘犬の混じったようなごつい犬と一緒に山へ放したんや。ビーグルがいちばんになって追うてきたシシを、わしが撃った。シシはひっくり返った。そのシシに闘犬みたいな犬が寄っていったら、ふだんおとなしいビーグルがガッと怒った。そしたら、ごつい奴がすごすご引っ込むんや。

犬の世界にも仁義があるんやの。本気で喧嘩したらひとたまりもないぐらいの体格差でも、小さな犬が手柄立てたら最敬礼や。山では猟でいちばん活躍した犬が偉い。そういう筋を曲げることは、犬の世界でもご法度なんやな」

シシを追い詰めた場面を見ていなくても、どの犬がいちばんの功労者かは、仕留めた後の犬たちの

勝ち名乗りを挙げるように、倒れたイノシシへ食らいつく赤い系統の紀州犬。
（古座川町提供）

態度を見ればわかるという。

「まっ先に追ってこいでも、このシシをいちばん最初に追い出したんはわしじゃというときは、きっちり顔と態度で主張するよ。鉄砲の音聞いてから、ああ親父捕りよったわいという具合に駆け寄った犬が、要領よく獲物の端にでも寄ろうものなら、後から来た犬が、それはわしが追い出した獲物やさかい触るなと唸って追い散らす。そんなときは、どんだけ大きな犬も形なしやの」

手柄を立てたときの、いかにも自信満々な犬の顔を見ると、ハンター冥利に尽きるという。滝尻さんは語る。

「最近、テレビで犬の番組が増えたな。立派な芸もできて、大事に飼うてもろうとる。飼うとる人も、飼われとる犬も幸せそうやけど、わしは獲物を探してにおいをかいどるとき、山の中を走ってシシを追うとるとき、そして手柄を立てたときの犬が、いちばんええ顔しとると思うな」

犬と人との付き合いは猟から始まった。イノシシが多い熊野では、そんな原初的な関係を今も暮らしの中で続けている人たちがいる。これもまた、未来に残したいもののひとつである。

〔2003年取材〕

現存する伝統の狩りと漁

新潟県村上市大川郷の塩引きザケ

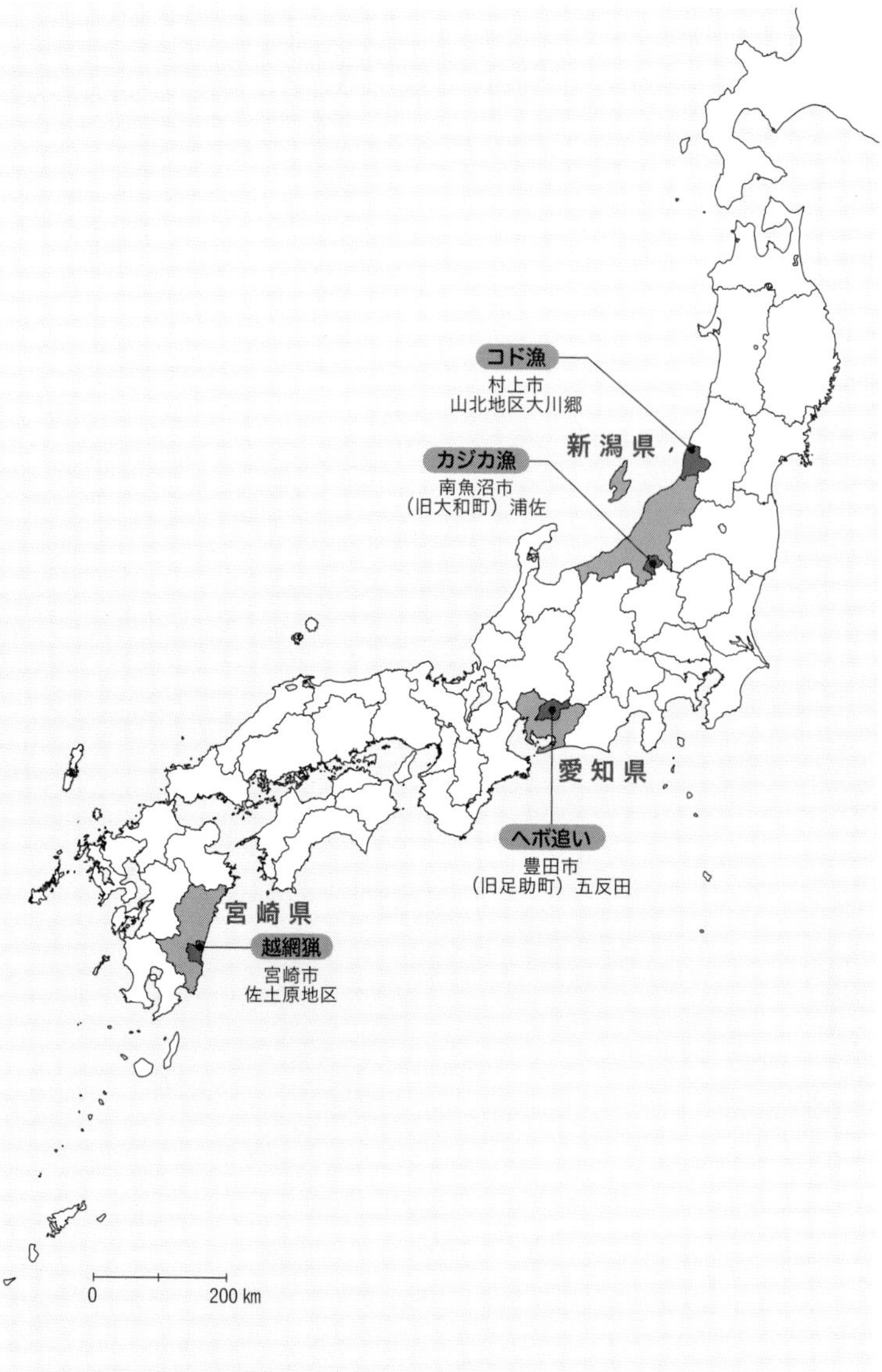

コド漁
村上市
山北地区大川郷
新潟県
カジカ漁
南魚沼市
（旧大和町）浦佐
愛知県
ヘボ追い
豊田市
（旧足助町）五反田
宮崎県
越網猟
宮崎市
佐土原地区
0
200 km

コド漁

奇妙なスギ木立の中で大ザケが躍る

不思議な光景だった。川岸のあちこちにスギの若木が列をなしている。よく見れば植えられているわけではなく、間伐材の先端を杭へ結んであるのだった。しかも、1本1本の切り口には枯れないよう水を張った古鍋やバケツがあてがわれている。

スギの隙間越しに人の姿が見えた。鉤《かぎ》のついた長い竿を構え水面を睨んでいる。スズメに近寄る猫のような構えが、獲物の姿を捉えたことを示す。伸びた手が弧を描いた瞬間、竿が胴ぶるいして水しぶきが立った。引きずり上げられたのは、鼻の曲がりかけた大きなオスのサケだ。のたうち回る間もなく棒で頭を打ちすえられ、すぐに静かになった。遡上の時合いが来たのだろう。あちこちのスギの陰から、サケが暴れて水を割る音や、獲物を絞める鈍い音が聞こえ始めた。

新潟県のいちばん北、村上市山北地区を流れる大川に残るコド漁は、数あるサケ漁の中でも際立ってユニークな漁法だ。

「このスギの青い葉っぱが、人影の動きに敏感なサケの目をくらましてくれるんだ。カザミといっ

川岸のスギ木立は「カザミ」と呼ばれるサケの目くらまし。物陰に身を寄せるサケの習性を利用する。

てコド漁には欠かせない仕掛けだな」

山北町大川漁協組合員の増《ます》子《こ》修《おさむ》さん（1937年生まれ）の話を聞いて、川岸に林立するスギの木の謎が解けた。警戒心の強いサケは本能的に障害物の陰や暗い場所へ身を寄せる。コド漁はその習性を逆手にとった漁法で、現在3種類あるそうだ。

そのひとつ「番台」は、昭和に入って始まったもので、現在最も多く行なわれている方法だ。杭と板を組み合わせて桟橋状の台を川面へ張り出し、上から見張って下を通りかかるサケを引っ掛ける。番台自体が水中に陰を作りサケを寄せる効果がある。サケからは立っている人の姿が見えにくい。張り出しの上に乗ることで流芯寄りを泳いで行くサケにも鉤が届きやすい。目線が高いため水中の魚影がよく見えるという利点もある。

この番台の周囲にもスギのカザミが立てられる。人の気配を消すだけでなく、陰をより大きくすることで多くのサケを足元へ誘い込んでくれるという。足元ではシダと呼ばれる葉付きの青竹が流れにさらされている。この

コド漁の仕組みと醍醐味を教えてくれた山北町大川漁協組合員の増子修さん。

竹の葉の下にできた陰にもサケは寄る。鉤竿の届く範囲には親(囮《おとり》)もつないでおく。サケは出会うと互いに身を寄せあう習性があるため、囮にはシダの陰と同じぐらいの誘引効果があるのだ。

ふたつめの「シダ漁」は、杭と竹、カヤで簾《す》を作り、陰にする方法だ。簾は1枚でよい。流れに対して直角に立てる。その下にも青竹をざっくり結んだシダを流しておく。番台に比べればずいぶん簡単な仕掛けだ。こんな簡素な陰にもサケは寄る。シダ漁の別名はモッカリ。「腹が立つ」という意味がある。手軽ではあるが、サケに感づかれる率が高いからである。念を入れてシダの近くに親をつ

番台の上から鉤竿でサケを捕らえた組合員。間髪入れず、豪快に抜き上げる。

鉤竿の先端部。鉤と竿は直結せず紐でつながっており、刺さると可動式になる。暴れた衝撃で鉤先が外れるのを防ぐ。

箱型のコド（中央）、板を張った番台（両脇）と、番台に立つ増子さん（右）。待つのも楽しみのひとつ。

ないでおく人が多い。

箱型漁具に誘い込み、鉤で引っ掛ける

3つめの「コド」は古くからの漁で、固筊と書く。まだ渇水気味の9月。出水《でみず》（伏流水）の湧く水際に杭を打ち、竹や笹、カヤで三方を囲い、上面も覆った箱型の装置（コド）を造る。川の駆け上がりに箱を伏せたように設置するが、流芯寄り（沖側）の壁と下流側の壁は接地させず、底から1尺ほどあけてある。つまりサケは自分の意思でコドを出入りできる。側面と下流側にはシダをくくりつけて流し、コドの中にも石を結んだ笹の束を沈めてある。遡上の途中でシダの陰に引き寄せられたサケは、より安心できそうな暗いコドの中へと進んでくるというしくみである。

コドの上面には、幕で覆われたふたつの窓がある。小さいほうが見窓で、大きいほうが鉤竿を差し込む掻《か》き窓だ。

「朝、見窓からそっと覗くとサケの影が見えるんだ。多いときは3匹も4匹も入っているど。これを1匹ずつ

掻き窓から引っ掛けていくわけさ。手前から掛けていけば、多少暴れても出ていかない。逃げようと思えば逃げられるんだが、サケは暗いところがいちばん安心できる。シダあたりまで出て行くことはあるけれど、少し時間をおけばまたコドさ戻ってくる」

捕りきっても、30分から小1時間もすると、遡上してきた新しいサケが誘い込まれてくるそうである。

「次に覗いたときはどんなのが入っているだろうかって考えるとワクワクする。コドの面白さは、想像しながら待つところだな」

ひと昔前は、河原に建てた小屋で寝泊まりしながら捕った。サケは月明かりがあれば夜でも捕れる。何より楽しみだったのは小屋で漁仲間と酌み交わす酒だったという。車の時代になってからは呑

増子さんのコド。竹や笹、カヤで三方を囲い、上面も覆う。流芯側と下流側の隙間からサケが出入りする。

コド内部。葉付きの青竹（シダ）や笹の束、囮のサケ（親）が遡上途中のサケを誘い込む。

増子さんの眼がコドに入ったサケの姿をとらえた。

鉤竿でサケを掛けたら一気に抜き上げ、すぐに棒で頭を叩いて絞める。

む習慣はなくなった。当時の小屋は漁具置き場として使われている。

　箱型のコドは仕上げるまでに１週間近く手間をとられるうえ、同時に行なう、川底をジョレンで掘りながらサケ好みの地形や流速に変える〝川造り〟も重労働だ。設置後は水通しを悪くするゴミの除去をこまめにしなければならない。雨が降って増水した後はあちこち修繕も必要なため、コドを設置する人は年々減っている。

「勤めを持った者ではちょっとむずかしいな。俺もコドを始めたのは仕事を終えた60歳ころからだよ」

代わりに増えたのが、番台とシダ漁だ。以前はコド漁といえば、もっぱら箱型の装置へ誘導する技法を指したが、今は番台とシダ漁、囮だけで寄せる方法を含め、鉤竿を使ったサケ捕り全体をコド漁と呼ぶ。

紛争の末に結ばれた漁の掟「鮭川議定《ぎじょう》」

「大川」とはいうものの、この川は流程20kmほどの2級河川である。河口部のいちばん広いところでも幅30mくらいしかない。大川漁協の組合員は約360人。うちサケ漁ができる鮭鱒《けいそん》部会に属する組合員は70人ほどだ。新潟県がこの川に認めているサケの特別採捕権は60口である。この60の権利を集落単位で設定された7つの漁場区に割り振っている。

番台で捕らえた大物を手に満足げ。水面下のサケの姿を確認するのに偏光サングラスは欠かせない。

これらの集落は、江戸時代には大川に遡上するサケを争い合う間柄だった。幾度となく紛争があり、そのたびに調停が試みられた。交渉の蓄積は明治2年の『鮭川議定』につながっていく。議定は合意形成の覚書で、サケを地域の共有資源と位置づけ持続的な漁のためのルールを再確認したものだ。魚の捕り分を決めるだけでなく、各漁場区から揚がる収益をプールして村の小学校の建設費に充てるなど、画期的な内容も含んでいた。

サケは流域全体の共有物という考えは、現在も受け継がれている。コド漁は、海から上がってきたばかりのウブなサケが多い下流の漁場区がおのずと有利だ。捕れるサケも身が厚くて味がよい。上流の漁場区へのぼるころには卵巣や精巣に栄養が取られて身が痩せ、警戒心も強くなっている。

流域の上下によるこうした地域間格差を解消するために考えられたのが、条件のよい場所ほど漁の行使料を高くする取り決めである。過去の実績からコドの設置場所ひとつひとつの相場を決める。地価のようなものと思えばよい。条件の不利な上流域ほど安く設定されている。同じ漁場区の中でも、ポイントの値段はコド設置の有利不利が勘案されているので不満は出ない。値段は2万円程度から最もよい場所で14万円。漁場区ごとに、居住する希望者がくじ引きで場所を決める。

通貨にも勝る塩引きザケの価値

ところで、行政がサケ特別採捕の条件として各漁協に課しているのが放流種苗用の採卵だ。多くの川では、ウライによる一括採捕を行なっている。ウライはサケの遡上を遮断して一網打尽式にトラップへ誘導する大がかりな捕獲装置だ。大川でもウライによる一括採捕が検討された時期があるが、組合員の反対で流れた。採卵は漁場区ごとに日を決め、コド漁で——つまり鉤竿で1匹ずつ捕ったサケから行なっている。

平方良男《ひらかたよしお》組合長(1930年生まれ)が語る。

「漁というのは魚との駆け引き。自分の読みが当たるか、外れるか。そこに興奮がある。コド漁が続いてきたのは単純に面白いからだよ。一括採捕は、漁というよりは単純労働だからな。面白くなければ組合員も駆り出される感じがする。だから採卵用の捕獲も鉤にこだわるんだよ」

御多分に洩れず今は漁協も高齢化が進む。だが、コド漁自体は世代交代が順調で、一括採捕へ舵を切らせるような政策的動きが出てこなければ、今後も自然に受け継がれていくだろうと平方組合長は言う。

平方組合長の奥さんのイヨコさん。夫が捕ってきたサケに塩をすり込み、干し上げて塩引きザケにする。

今の大川では、捕ったサケが売り買いされることはない。ほとんどすべてが近所や親類、縁者に配られる。14万円も投資しながら1円にもなっていないわけだが、捕れたての生ザケや、丁寧に干し上げられた塩引きザケには、お金にも勝る価値がある。組合長夫人の平方イヨコさん（1934年生まれ）が言う。

「今年もありがとう、サケおいしかったって言われると嬉しいもんですよ。かじかむ手を息で温めながら塩をすりこんだ甲斐があります」

コド漁が残ってきた理由は、こんなところにもある。

〔2010年取材〕

●カジカ漁

寒い冬、胃の腑にしみるカジカの骨酒

「さあて、今日はどんなもんやろう。漁ごとだけはやってみんことにはわからんからのう。毘沙門さまの祭りが近いすけ、今時期はカジカを捕りに川へ入る者も多いんさ。いつもは魚とだけ知恵くらべしとりゃあいいわけなんだが、今日あたりは、どっちかといやあ人間どうしの騙《だま》かし合いだあの」

新潟県南魚沼市大和町に住む田中秀定《たなかひでさだ》さん（1948年生まれ）は、笑いながら軽トラを降り、胴長の上に履いたカンジキの紐を締め込んだ。

この年の中越地方は近年になく雪が多かった。数日前は一晩で80cm以上も積もる大雪になった。田んぼも畑も一面銀世界。そんな中、魚野川の流れだけが太く黒々と蛇行している。田中さんは親戚の山崎勇さんを伴い、深い雪をカンジキで踏み固めながら、遠くの黒い流れに一歩一歩向かって行く。

カジカは底石の多い冷たい流れに生息する淡水魚だ。大きさは15cm前後で、ハゼをさらにいかつくしたような顔をしている。昼は石の下に隠れ、夜になると瀬に出て小魚や水生昆虫などを食べ漁る。そして夜が明けるころにまた石の隙間へと潜り込む。

雪の河原をカンジキで進む田中秀定さん。アユ漁の時期は車で入れる河原も、汗が出るほど歩かなければならない。

肉はきれいな白身で淡泊。金沢のように郷土料理として珍重している地域もある。だが、石の下に散在している魚なのでアユやサケのようにはまとまって捕れない。しかも、しょせんは5寸ほどの雑魚だ。漁として確立しているといっても、投入する労力に見合っているかというとかなり怪しい。

カジカは清流のある山国ではどこでも冬越しの蓄えだったと聞くが、それがなければ生きられない、というほどの食料でもなかった。どちらかといえば補いで、囲炉裏で干して味噌汁のだしにするか、男衆がたまに燗酒の中に入れて楽しむ程度だ。

だが、このカジカの骨酒は好きな人にはたまらない味だ。焼き枯らしたものを湯呑みに入れて熱燗を注ぐと、キツネ色に焼けたひれの香ばしさと、白身魚特有の上品なだしが溶け込んだ美酒に変わる。酒というよりは、酒と魚、そして塩でつくる左党のための吸い物。胃の腑にしみるカジカ酒は、川漁の心得がある者と、周辺の仲間だけが味わえる冬の余禄である。

田中さんのカジカ漁の道具一式。半月網は水道の塩ビパイプで自作。スコップのほか鉄筋やツルハシを愛用する人も。カンジキも必携。

「しみじみとしたいい味だよ。俺が酒を飲めるようになったのは40歳過ぎてからだども、世の中にこんなうめえものがあったんなら、もっと早えこと覚えといたらよかったと思うくらいだな」

川原に立った田中さんは、すでに晩酌どきのように相好《そうごう》を崩している。カジカ漁は今でこそ「漁」という言い方もされるが、もともとは田舎の親父道楽で自分が楽しむための趣味。カジカ捕りと呼ぶほうが似つかわしい。そのカジカに値がつき、遊びが商売になったのは、毎年3月3日の夜に普光寺の浦佐毘沙門堂で行なわれる「裸押合い祭り」が契機らしい。この祭りは、大蠟燭《ろうそく》が並ぶ本尊の前で上半身裸の男たちが揉み合う奇祭として知られる。男たちの肌は湯気が立つほど上気しているが、雪中の夜祭りなので見物する側は芯まで冷え込む。そこに至福のひとときをもたらしてくれるのが熱いカジカ酒だ。

裸押合い祭りの日には参道のあちこちに「カジカ酒あります」という貼り紙が出され、一種の風物詩的様相を呈する。

今でこそ年中どんな食材でも手に入るが、かつて雪国の3月上旬といえば最も食材の乏しい季節

瀬の浮き石の隙間にスコップの先を差し込み、梃子の要領でゆっくり上下に動かすと、危険を感じたカジカが下流に構えた網に飛び込む。

だった。せめて炙ったカジカを入れた熱燗でもと、山門にある一軒の料理店が始めた見物客へのもてなしが名物化したのだという。

需要が伸び出したのは、上越新幹線や関越自動車道が開通し祭りの集客数も大きく伸び始めた1980年代後半からといわれる。祭りの定番になっていくにつれ、カジカは冬越しの補いから経済魚へと変わった。以来カジカ捕りは、道楽と生業の間を微妙に行き来するようになった。

半月網とスコップだけの簡素な漁法

現在、魚野川のカジカ漁は漁協組合員にだけ許されている。漁といっても道具や方法は単純だ。道具はハッツァカと呼ばれる半月網とスコップだけである。カジカのいそうな石の下流にハッツァカをかまえ、スコップを梃子の要領で石の隙間に差し込み、ごつん、ごつんと音が立つように動かす。すると驚いたカジカが流れに乗って逃げ、網の中に自ら飛び込むというしくみだ。

カジカとしては型のよい15cmサイズ。裸押合い祭りが終わるころからそろそろ卵を持ち始める。産卵期には禁漁となる。

漁協に名を連ね、鑑札を持てば誰にでもできる簡単な漁であるがゆえに、競争も激しい。田中さんが目の前の浅瀬を指差した。

「こんなひと抱えもある石なら、普通はカジカがついとるもんだども、この石も、あの石も、向こうの石もおらん。頭のところが白うなっとるじゃろう。あれは砂に埋まっておった裏側の部分さの。誰かが先に起こした証拠だわ」

石の天地がひっくり返るほど動かす必要はないのだが、経験の浅い人間ほど派手に石を転がす傾向がある。ここ一週間ほどの痕跡だろうという。ただ、先行者が素人なら逆に作戦は立てやすい。田中さんが狙いを定めたのは、にわか漁師たちが見落としてしまうような、弁当箱ほどの小さな石だった。

石を動かす力加減が勝敗を分ける

この日はもうひとつカジカ漁の障害があった。水位だ。

「今は雪が降ると新幹線も道路も、普通の家でも井戸水をじゃんじゃん流して雪を融かすもんで、本流の水嵩が上がるんさの。そうすると石の場所は深なるし、押しもきつうなって漁がやりにくいんさ。昔はこんなことはなかった。ここ20年ばかしのことやないかの」

だが、この水嵩も作戦を立てる際には味方になる。このところ雪続きだったため水位は高め安定。ほかの漁師たちは、探りやすい縁の大石を狙い、やや深い瀬の小さな石には手をつけていないと判断して重点的に攻める。

「ほれっ、入った！ カジカがおるときはハッツァカの網の縁を通る魚の影が一瞬見えるすけ」

頂部が白い石は先行者が探った後。砂に接していた部分に水垢がつかないため乾くと白く見え、動かしたことがわかる。「こんなに力を入れて返さんでもカジカは捕れる」と田中さんが笑う。

スコップをあまり勢いよく動かすと、カジカが驚きすぎ、網を構えている下流ではなく上流側へ飛ぶように逃げることがある。体力の節約のためにも、スコップを動かすときはあまり力を入れないほうがよいという。

カジカが棲むのは石と河床の空隙部。いくら大きくても、隙間が砂で埋まってしまっているような石にはいない。田中さんはスコップに伝わる音の響きや、先を差しこんだときの負荷で判断しながら、カジカの潜んでいる可能性の高い浮き石だけを選んで歩く。

実際には動かしてみるまではいるかどうかはわからないが、確率の低い石まで探るのは時間の無駄だ。その日の傾向がわかるとカジカは面白いように捕れだす。

「やっぱり、今日は小さい石じゃ。人の裏をかいて当たったときの楽しみも、なんともいえんのじゃて」

田中さんはそう言うと、とびきりの笑顔で煙草を一服した。


「捕れたといっても、今はこんなもん」


腰に結んだ引き舟（活かしビク）がだんだんいっぱいになる。捕れたカジカを数えながら、田中さんがしんみりつぶやく。

「まずまず捕れたといっても、今はこんなもん。最近は40匹も捕れりゃあ大漁じゃの。わしらが子供のころには、カジカだけやなしにウナギもイワナも谷へ行きゃ湧くほどおった。その谷がみなコンクリートで埋まってしもうての。本流もいろんな工事の影響で水が少のうなって、砂ばかりが増えた。ええ石の裏が埋まって、カジカのような穴に棲む魚はずいぶん減った。わしらの記憶にある魚野川はこんなものやないんやって」

カジカは川の指標生物だ。全国的に減少している魚で、レッドデータリスト（絶滅の恐れのある野生生物）に指定している県も多い。魚野川では増殖事業に

捕ったカジカは曳き舟に活かしておく。アユ釣り用の道具だがカジカ漁にも使い勝手がよい。かつては100匹ぐらい捕ることは造作もなかったという。

よる稚魚放流により、なんとか漁ができるだけの資源が維持されている。

一緒に家へ戻って胴長を脱ぐと、そのまま囲炉裏の間へ案内された。すでに炭火の準備ができていた。慣れた手つきで串を打ち、胸びれに塩を付けて焼くこと1時間。ひれがキツネ色になったカジカを、田中さんがガラスコップに入れた。たぎるほど熱くした地酒をいっぱいに注ぐと、香ばしい匂いが囲炉裏に漂い始めた。コップの燗酒が次第に山吹色になっていく。男衆のささやかな宴が始まった。

〔2010年取材〕

生きたまま串に刺し、ひれに塩を付け、囲炉裏の火にかざすと胸びれがきれいに開く。死んだものだと開かない。十分に焼き枯らすと生臭くならない。

コップに焼いたカジカを入れ、よく熱した地酒を注ぐ。待つこと５分。カジカの上品な旨みが溶け出した、山吹色の骨酒のできあがり。１匹で２、３杯飲める。

ヘボ追い

蜂を追い、初老の男たちが山中を駆ける

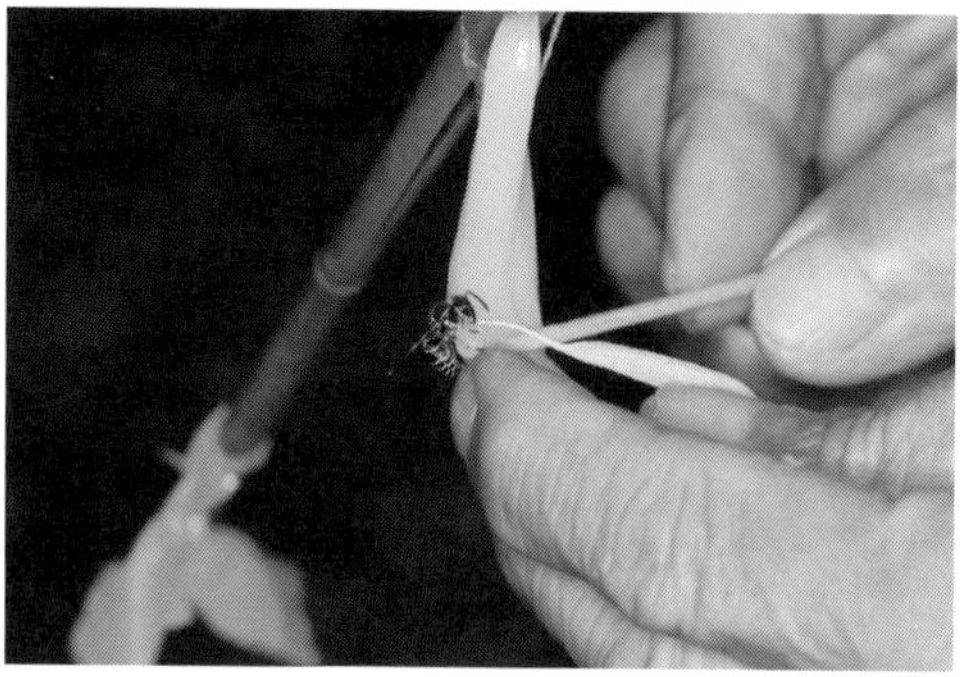

目印付きの生イカの肉を抱えたヘボ。昔はカエルや魚の肉だったが、近年は呼び寄せ効果が高く、餌持ちもよく扱いやすい生イカが主流。

7月下旬の昼下がり。手入れの行き届いた涼しいスギ林で初老の男たちが車座になっている。遠目には山仕事の一服。だが休憩にしては気配が違う。談笑をしながらも、輪の中心に注ぐ目は真剣だ。

「よし、親がついた！」

「さあて、どっちに飛ぶ？」

男たちが覗き込んだ先の地面には1本の棒が刺さり、イカの切り身が挟んであった。その白い肉塊に黒い小さな蜂が止まり、アゴでかじり取ろうとしている。見届けたひとりが、ティッシュペーパーの細い切片を指先でより始める。老眼の典型的なしぐさを見せながらも、よった先端を器用に結び、こぶを作る。そのこぶを、3㎜ほどに切り分けた小さなイカ肉の粒の中へ、つま楊枝で押し込んだ。

飛来したヘボに目印付きの餌を持たせる「技師」の山下和雄さん。

「輪にして餌に結ぶやり方もあるが、警戒して糸を食い切ることも多いで、わしは埋める」

親と呼ぶのは、巣の幼虫たちのために餌を探しに出た働き蜂のことである。目の前に頃合いの餌を差し出された小さな蜂は、受け取るように食らいつくと、羽音を立てて飛び立った。

「出たよ、出たよ!」

「今、左のスギの下を越えたぞ!」

ある者は白い目印を追って走り、ある者は別角度から確認しながら、手に持った杖で飛んだ先を伝える。

「方向はわかった。あの山肌や!」

顔が上気し、眼は少年のように輝いている。平均年齢は70歳近いというが、身のこなしは軽い。

「岐阜、長野、愛知、山梨、静岡、栃木。このあたりが蜂追いを楽しむ地域です。蜂の標準和名はシダクロスズメバチ。地蜂、スガレ、タカブと呼び方はいろいろですが、ここ足助ではヘボと呼びます」

こう語るのは、愛知県豊田市五反田の安藤啓治《あんどうきょうじ》さん

無線でこまめに連絡を取り合う。巣のありかは遠いとひと山半先。目と鼻の先のことも。

（1950年生まれ）。足助地蜂愛好会（会員36人）の会長を務める。この日集まったのは会員6人で、いずれも三度の飯よりヘボ追いが好きという男たちだ。

彼らがヘボを追うのは巣のありかを突きとめ、飼育し、幼虫を食べるためだ。昆虫食は奇異な習慣に見られがちだが、日本列島の先人たちは、ある時代までは魚や獣を食するように昆虫もたんぱく源として利用してきた。

刺されても「やめようと思わん」面白さ

一度餌についた親は何度もやって来るので、そのつど白い目印付きの小さな餌をくわえさせる。餌を確保すると幼虫の待つ巣へ一直線に帰る習性があり、行方を見失っても、その場で待てば再追跡できる。この作業をくり返して巣までの距離を詰めていく。安藤さんたちは、餌をくわえさせる担当を「技師」と呼ぶ。先頭に立ち、走って行方を追うのが「最先端」。その間に構えて親の通過を知らせる伝令役は「中継」だ。

「親が行って帰ってくる時間で巣までの距離が予想で

ヘボの行き先を指示する後藤悦夫さん。大工の棟梁で、ヘボを追う日は朝一番に段取りをすませる。この日は「中継」という伝令役。

ヘボが巣に出入りする小さな土穴を見つけた。掘る前に周囲の地面や木を叩いて軽い振動を与えると、ヘボが動かなくなる。

きます。だいたい１分１００ｍ。３分かかれば３００ｍぐらい」（安藤さん）

理屈は簡単だが、目印を噛み切ろうと途中で木に止まってしまうことも多々ある。この日も、午前中に入った場所ではことごとく目印を噛み切られた。午後は一縷の望みを託し、標高の高いとっておきの場所で再戦に臨んだ。

今年は彼らも経験がないほどヘボが少なく、見つけた巣の数は昨年の同じ時期の３分の１。５月の異常低温で、巣づくりに動き出した女王蜂が死んでしまったのではないかと口々に語る。それでも手練《てだ》れの集団だ。移動した場所でもすぐに生イカで親を呼び寄せた。

追跡するうち「最先端」役が親の着陸態勢を確認した。白い目印が急に高度を落とし、地上に消えていけば巣はすぐそこだ。捕ったも同然である。親が入った土穴の入り口には、たいてい噛み切った白い目印が捨ててある。

親の出入りを確認したら、小鎌とハサミを使って静かに周囲の土を掘り始める。掘る前に地面や周囲の木を棒で軽く叩いて振動を与えると、ヘボの働き蜂たちは巣を離れなくなる。異変を察知して守りに入るのだ。つまり安全に掘ることができるのである。巣はネズミやモグラの穴などを広げて作っていて、浅ければ20cmほど、深くても1mくらいのところにはある。

ただ、たまにアクシデントも起こる。会員の河合久男《かわいひさお》さんは、あるとき掘っている最中にうっかり巣壁を壊してしまった。軽い振動を与えると守りに入る親も、巣を傷つけられれば怒り狂って攻めに出る。顔こそネットで覆っていたものの、服の隙間から次々と侵入され、計17か所を刺された。病院に走り込んで2時間点滴を受けたという。親を追っているうちに、高低差10mほどの急斜面を前のめりに3回転して落ちたこともある。「それでもやめようとは思わんなあ」と不敵に笑う。

巣を掘り出した安藤啓治会長。「油断して壊してしまいました。この程度なら飼うのに支障ありませんが、くやしいね」

かつてヘボ追いは、いいおとながやるようなものではなく、子供の遊びだった。おとなが掘るのは土手の草刈りのときに見つけた巣（クロスズメバチという草地を好むもう一種類のヘボ）だったり、山仕事の帰りに巣穴を出入りする親の姿を確認したときだ。食べることが目的なので、掘る時期も巣が大きくなる秋だった。

「昔の百姓は遊んどる暇なん

飼育箱が並ぶ鈴木十さんのヘボハウス。資材だけで10万円かけた。

かなかったで。子供の面倒も見きれんから、子供は子供で川や山へ行って勝手に遊んだ。ヘボもそういう遊びのひとつやったのう」

こう語るのは〝ヘボ勘〟の鋭さで仲間から一目置かれる鈴《すず》木《き》十《つなし》さん。五反田のメンバーは、いずれも子育てが終わり時間にゆとりができてからヘボを追い始めた、子供のころの遊び仲間だ。

瓦葺きの豪勢すぎる蜂の家「ヘボハウス」

秋に掘っていた時代は、花火やセルロイドを燻して捕ってすぐに食べた。今は巣が小さな夏のうちに、煙で燻さず親ごと生け捕る「生掘り」が増えた。山林の放置が問題化したころから明るい林床を狩り場とするヘボは減っている。巣をめぐる愛好家どうしの競争も激しく、他県から掘りに来る人も少なくない。そんな事情もあり、最近は早めに掘って家で大きく育ててから食べる人が半数を占める。巣の大きさは自然下ではせいぜい1kgぐらいまでだが、特製の飼育箱で餌を与えながら育てると巨大に成長する。

鈴木さん特製の飼育箱。餌を与え続けると、巣は巨大に成長する。

「会の結成も飼育がきっかけです。20年近く前、NHKで岐阜県串原村（現恵那市）の飼育の様子が放送されたんです。上手に飼えば6kgを超える巣もできると聞いて、びっくりしてしまいましてね」（安藤さん）

飼育が各地で盛んになったのは1990年代のこと。中でも串原は先進地で、放送は地蜂文化圏の男たちの挑戦心に火をつけた。全国地蜂連合会が結成され、地域間の情報交換も進むと、飼育はさらに熱を帯びる。巣の重量を競うコンテストなども各地で開催されるようになった。

熱気の象徴が「ヘボハウス」と呼ばれる飼育小屋だ。掘り帰った巣を庭先の木箱に入れて飼うだけでは飽き足らなくなった男たちは、飼育箱をまとめて収容する小屋を建てるようになった。いわばヘボの集合住宅である。太い柱と瓦葺きの、小屋と呼ぶにはあまりにも豪勢なヘボハウスもある。

餌のレバー代に1シーズン7万円

補給する餌にもこだわる。それぞれの飼育箱の前には砂糖水と鶏のレバーがたっぷり置かれている。採餌にかかる時間やエネルギーが少なくてよいぶん、働き蜂たちは巣づくりと子育てに専念で

レバーに群がる飼育中のヘボ。8つの巣で1日1kg平らげることも。

香ばしく濃厚な味わいも男たちを魅了する理由。左は煮付け、右は五平餅。

き、巣は段数を重ねてどんどん大きくなっていく。与えるレバーは、へたな焼き鳥屋のレバーよりも新鮮だ。処理も丁寧である。薄皮を剥いて一晩冷蔵庫で冷やし、キッチンタオルでぬぐう。水分を減らして餌の鮮度を少しでも保ちたいからだ。

「8箱も飼うとると、レバーは1シーズンで40kgは使うな。毎年7万円ぐらい注《つ》ぎ込んどるだわ。わしだけではないでね。みんなやっとるもんで、親が活発な秋口には鶏肉屋からレバーがのうなる。予約しとかんと入らん」（鈴木さん）

蜂を元気にしようと、人間用の高価な栄養ドリンクを飲ませている人もいる。

五反田地区では38軒のうち、じつに13軒が会員、15軒がヘボを飼う。ヘボハウスを持つ5軒が、野菜の苗でも融通するように掘った巣を近所に分けているうち、集落全体がヘボ熱にかかってしまった。

育てた巣は11月の地区のコンテストで披露後、蜂の子飯や煮付け、五平餅などにしてみんなで味わう。また、巣のうち一部は必ず残し、交尾した新女王蜂を野に放すなど資源維持にも配慮している。

〔2010年取材〕

越網《こえあみ》猟

丘の凹凸は４５０年続くカモの道

池の側から見たその小高い丘は、不思議な形をしていた。木がこんもり茂る稜線が一定間隔で深く刈り込まれ、凹凸という文字そのままの形になっている。４５０年も続くという狩猟文化が作り上げた独特の景観だ。

「夕暮れ、池から田んぼへ餌を探しに飛び立つカモは、ハヤブサなどの猛禽類に襲われないよう低い場所を選んで飛ぶ習性があります。越網はそんなカモの習性を逆手にとった猟。あの窪んだ部分は網を構える場所で、坪と呼びます」

こう語るのは、佐土原《さどわら》鴨越《かもごえ》保存会会長の中武《なかたけ》四郎《しろう》さん（１９３６年生まれ）。ここ宮崎市佐土原地区には、面積10ヘクタールの巨田《こた》池というため池がある。古くから銃猟が禁じられてきたこともあり、巨田池には毎年冬が近づくとたくさんのカモが渡ってきて羽を休める。江戸時代は佐土原島津家の御猟場で、冬になると藩士の心身鍛錬を名目としたカモ猟が行なわれた。日々の成果は藩の日誌にも記録され、たとえば延宝元年（１６７３）12月13日には「小鴨壱神宮寺十郎兵衛　真鴨壱谷山三右

小高い丘に囲まれた巨田池。草木を刈り込んだ凹字型の空間がカモの通い道となる「坪」だ。

衛門」という記述があり、捕れなかった者の名まで挙げられている。とりわけカモがよく通る坪は藩主の場所に指定され、御前坪と呼ばれた。

明治の廃藩置県後、池の利用権は水利組合に移り、それまで武士階級が占めていたよい位置の坪も住民に開放されることになった。

「私が若いころ、越網猟をする者は150人ほどいたでしょうか。坪の数も30を超えていました。狩猟解禁の11月に入ると、夕方、網を自転車に積んで連れ立つ姿をよく見たものです。昼過ぎから現場で焚き火をして待つ年寄りもいました。当時、カモはごちそうで贈答品としても人気がありました」

銃を使えば最初は確実に捕れる。しかし、驚いたカモは次から池に寄りつかなくなってしまう。稜線に身を隠し、カモが飛んできた瞬間に網を投げて1羽ずつ捕らえる方法なら群れを驚かせることがない。越網猟が450年も続いてきたのは、

談笑していた男たちは、日が沈みきると網を手に、それぞれの坪へと静かに散った。

確実性、持続性という点で最もすぐれた捕獲方法だったからだ。

進駐軍の長官も銃猟から網猟に宗旨替え

終戦直後、アメリカから宮崎に派遣された進駐軍のハッチンソン長官が巨田池で猟銃を撃ち放ったことがある。やはり中武さん同様三度の飯よりカモ捕りの好きだった父親は、町長とともに県庁へ走り、伝統猟に支障があるので発砲をやめさせてほしいと申し入れた。当時、進駐軍といえば泣く子も黙る存在だったが、佐土原の人たちはひるまず抗議をしたのである。苦情を受けた長官は、直々に巨田池へ来た。佐土原の人たちから銃猟と対極にある越網猟のしくみを教えられると感動。銃を網に持ち替え、帰国するまで一緒に猟にのめり込んだという。

狩猟解禁前に行なう坪の刈り込みや、坪の位置を決めるくじ引きは、池を守る水利組合が長らく主導してきたが、担い手不足により1959年に組合自体が解散。カ

息を殺してカモが坪すれすれに飛んでくるのを待ち構える。姿よりも羽音が頼りだ。

モ猟にかかわる管理は、愛好家により新たに結成された佐土原鴨越保存会へ引き継がれることになった。

「ここ数年の会員数は28人ぐらいです。減ってはいますが30代から80代までおりますので継承団体としての構成は悪くありません。ただ、カモの捕れる数は少なくなりました。昔は1000羽も渡って来たものですが、今は500羽から多くて800羽でしょう。

カモが減った理由はふたつあります。ひとつは稲が早生品種になって稲刈りと荒起こしが早まり、カモが来たころには餌の落ち穂やひこばえの籾《もみ》が土の中にすき込まれてしまうこと。とくに近年はカモが痩せとるように思います。胸を触っても肉づきがよくありません。越網の面白さはカモが入ったときに聞こえる重々しい衝撃音ですが、力がないせいかその勢いも弱い」

カモが減ったもうひとつの要因は、道路開発のせいではないかと中武さんは思っている。

猟が始まるのは日没から20〜30分後。猟の時間そのものは30分ほどで、12月なら17時半から18時までの間であ

網は真上に高くすばやく投げる。飛んできたところを枠の中心に当てる感覚だ。

る。カモたちは猛禽類の目が利きにくくなるこの時間を待って池を飛び立つ。旧暦の15日を過ぎると、もう一度猟の好機がある。19時過ぎだ。満月が顔をのぞかせる時間に池を立つ群れもあるのだ。そして以前は夜明けにも猟ができた。田んぼで餌を食べてきたカモが帰ってくる「朝越え」である。主な待ち場は池東側の坪だったが、近くに高速道路が通るようになってからカモの飛行ルートが様変わりした。

「若い時分は朝飯前にまず1回。月回り次第では仕事から帰って2回やったものです。猟の時期は職場で宴会があってもうわの空。今ごろほかの連中はカモを捕っているのかと思うと、上司の乾杯の音頭も耳に入りませんでした」

闇に散り、息をひそめ、待つ

そろそろ行ってみますか――。西の空を見た中武さんは、組み立て式の網を手にして腰をあげた。丘の稜線にはすでに何人かの男たちが来ていて、煙草を吸ったり缶コーヒーを飲んで談笑している。

話題は今期の猟の出足のようだ。太陽が沈みきり、互いの表情も見えなくなってきたころ、中武さんが私たちに静かに言った。

「坪の前では絶対に立ちあがらないでください。カメラや携帯電話の光、煙草の火もだめ。カモが警戒して坪を通らなくなります」

男たちはめいめいの坪に散り、寝かせた網に手をかけたまま、高さ1・8mほどに刈り揃えた篠竹の前で静かに蹲踞《そんきょ》の姿勢をとる。

池のほうでは、派手な水音やアヒルに似た騒がしい声が聞こえる。カモが飛び立ち始める合図だ。最初に飛ぶのは、チュウドリと呼ばれるコガモやヒドリガモなど小型のカモが多い。男たちが本命に据えているのは次に飛び立つマガモだ。大型で肉の量が多く、しかもおいしい。飛んでくるときの風切り音も力強く、網に入った瞬間の衝撃音も重々しい。

勝負は30分、羽音に耳を澄ます

キキキキキという金属的な羽音が近づいた瞬間、薄墨色の空に次々と網が投げ上げられた。あとで聞けば、目で追って投げるのではなく音で判断して投げるのだという。頭上に飛んできたカモに網が当たると、網は勢いで後ろへ飛ぶ。その衝撃で枠の根元で網を固定していたチガヤが切れ、網が翼や足、首へ絡みつく。

網は空にあるのに、まるで飛んできたカモを手で受け止めたような感覚があるという。この一瞬の醍醐味のために、男たちは冷えきった中で腰を落とし続ける。

超高感度撮影でとらえた捕獲の瞬間。網の奥にカモが
当たり「あざお」と呼ばれる竹の枠がしなる。

赤く締まったカモの肉。たくさん捕れた時代は贈答品だった。今も年越しそばのだしはカモでなければ、という人は多い。

カモが網に当たった衝撃で網を枠の下で張り支える「おこつる」（カヤの輪）が切れ、落下したカモは網が絡んで動けなくなっている。

チャンスは薄暮が闇へと移ろうわずか30分。運がよければ何群も頭上を通るが、投げることのできる網は3本までと決められている。タイミングが早すぎればカモは網をよける。遅すぎれば通り過ぎた後。網に絡んで落ちたカモは動けない状態になっているので、全部の網を投げ終えてから拾う。

瞬時の判断がものをいう猟だが、カモの数が減ってきてからは通過確率そのものが下がってきた。一度も投げられない、つまりカモが坪を通らずに終わる日もある。

「昭和20～30年代には、ひと網に2羽、3羽と入ることもありました。あのころが最盛期でした」

この日、私たちが息をひそめていた坪では猟果がなかったが、隣の坪の人が立

ときおり集まって捕れたカモを肴に宴を楽しむ。地域の絆を確認し合うひとときでもある。

派なマガモを捕り、顔を紅潮させていた。いつもの年より出足が鈍かったというカモはこの日を境によく捕れるようになり、保存会のメンバーを喜ばせた。

ところが、それからまもなくたいへんなことが起こる。近くの養鶏場で高病原性鳥インフルエンザが発生したのだ。池のカモには異変は見られなかったものの450年の伝統を誇る巨田池の越網猟は中断に追い込まれ、そのまま猟期終了日の2月15日を迎えてしまった。

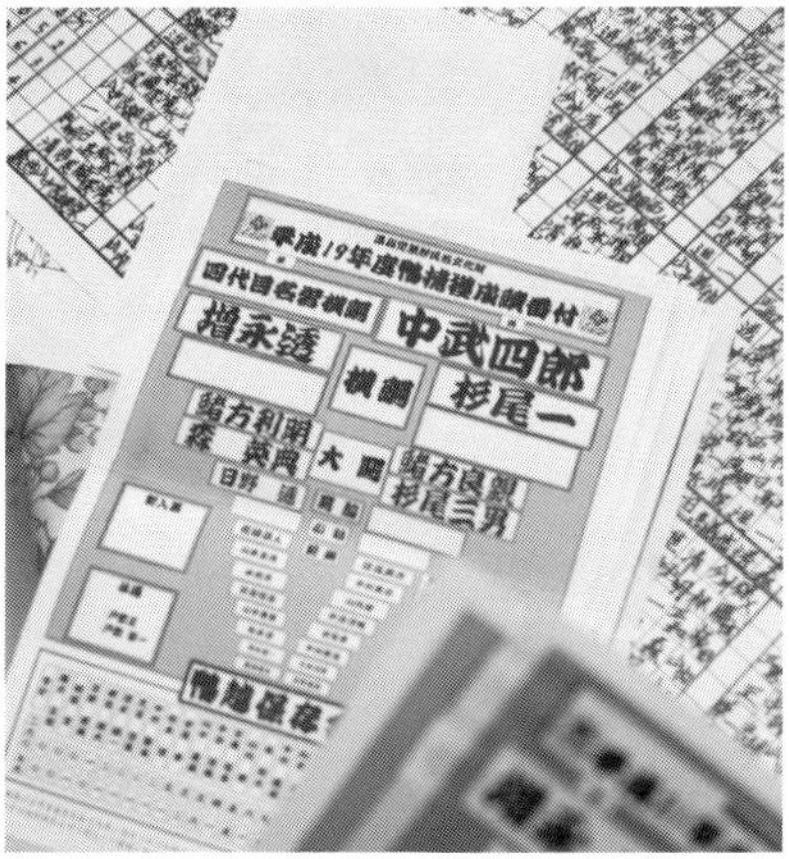

番付表をつくる遊びは「父親たちの代からの伝統」と中武さん。1羽捕るごとに100円を保存会に収め運営費にしている。

1993年に保存会の積立金で建てた鴨供養塔。碑面には「故郷に　帰る事なく逝く鴨の　霊慰めて　永遠に祭らん」と刻んだ。

「何があろうと私たちはこの越網猟を守り伝えていくつもりですよ。地域が伝え継いできたかけがえのない文化ですから」

中武さんは、後の電話で静かに、しかしきっぱりと言いきった。

〔2010年取材〕

あとがき

どうすれば文明は破綻を免れることができるか。まずは自然にこれ以上の負荷を与えないことだろう。物質循環と生態系の法則が許す範囲で資源を利用する。つまり経済とライフスタイルの選択だ。もうひとつは収奪から分配への移行で、こちらは倫理と哲学の問題でもある。詩人で書家の相田みつをも書き残している。「うばい合えばたらぬ　わけ合えばあまる」。だが、言うは易し、行なうは難しで、自然派を気取る私自身の暮らしも、正直に告白すれば毎日が矛盾だらけだ。

持続的な生き方について考えていたとき、今なお自然の中から糧を得て暮らす人々を取材する機会を得た。漁撈や採集、狩猟を楽しみ、なりわいにもしている日本人の記録である。いずれの人も自然に対する深い洞察力を備え、現代人離れした技術を持ち、質素だが無理のない暮らしを送っていたのが印象的だった。ひと言でいえば「縄文を見た」。大きなヒントを得た気がした。

山でイノシシを騙し討ちにし、猛毒のハブまで捕まえて現金に替える。鳥の渡りを見て山から海へおいしいカニが降りてくるころを予察する。あるいは、ミツバチやクロスズメバチのような昆虫の群れを自在に飼い馴らす。パソコンとは縁がないが、頭の中には潮汐と月暦を自在に照合できるうらやましいソフトがインストールされている。どんぐりを食べて戦時中の飢餓を乗り越えた人、先人の教訓を守り、有毒のソテツの実をあえて今も食生活に取り入れている人もいた。

一連の取材の中で学んだのは、自然の質と量こそが持続可能な人間活動の前提であるということだ。21世紀の現代においても前記のような暮らしが可能なのは、その地域の自然にまだ底力があるからである。

自然の底力という点で見逃すことのできない新たな動きが、野生鳥獣による農作物被害である。獣害の深刻化はさまざまな現象が絡み合った人間側の問題であり、主因は過去1世紀にわたる自然の酷使とその後の解放に伴う反動だ。文明開化以降、日本の人口は急増し、江戸時代までの里地里山だけでは食糧とエネルギーをまかなえなくなった。奥山に手を伸ばして伐採や焼き畑を急拡大したことで全国の森がハゲ山となって社会問題化した。戦後に入ると、ダム開発、拡大造林、大規模林道工事など山を改変する国策的な動きが立て続けに起きた。その間、獣たちは息をひそめているしかなかった。

異変は21世紀に入るころから起きた。山の古老たちが「70年以上も暮らしているが、この里でサルやイノシシを見たのは初めて」と言い出した。気がつけば、ハゲ山だった奥山は深い森に戻り、里を飲み込む勢いで緑が迫ってきている。農林業の衰退と過疎化という社会構造の変化が、再び日本列島を獣の棲みやすい環境に変えたのだ。そこで脚光を浴びているのが狩人である。狩猟という縄文由来の専門技術を借りなければ、環境との調和がはかれない時代へと突入しつつある。

未来のグランドデザインなどそう簡単に描けるものではない。ただ、デッサンの参考になるものはある。縄文時代は消えたが、持続性と分かち合いを前提とした技術や考えのエッセンスは、今も農山漁村の生活文化の中に生きている。高度経済成長期を境に消えてしまった知恵も数多いが、豊かな自然と豊かな人の感性さえあれば、追体験や再現という形でよみがえらせ、残し、未来図の参考にすることができる。本書で示したかったのはそのことだ。

最初の取材からはずいぶん時がたってしまったが、快く応対してくださった方々にあらためてお礼を申し上げたい。また、各取材現場では多くの写真家に協力をいただいた。田渕睦深さん、久野公啓さん、芥川仁さんには個性的で臨場感のある写真を撮っていただいた。とりわけお世話になったのは奄美在住の浜田太さんと熊野在住の木村雅文さんで、このおふたりの写真家との出会いがなければ本書は生まれなかった。初出連載時には小学館の今井田光代さん、南紀州新聞（現・熊野新聞）の寺本静生さんにたいへんお世話になった。農文協の馬場裕一さんには、連載に引き続き単行本化でも的確な指摘をいただき、散漫になりがちな文章を引き締めていただいた。本書が、自然の本質的価値や持続可能な社会について考え直すヒントになれば幸いです。

２０１５年１月

著者

参考文献

●しいの実ごはん

名越左源太『南島雑話　幕末奄美民俗誌』1・2（東洋文庫）平凡社、1984

名瀬市誌編纂委員会編『名瀬市誌』上・中・下巻、名瀬市、1973―1983

ホライゾン編集室『生命めぐる島・奄美　森と海と人と』南日本新聞社、2000

●ガサム捕り

NHKスペシャル取材班『ヒューマン』角川書店、2012

沖縄国際マングローブ協会編著『沖縄のマングローブ研究』新星出版、2006

中村武久・中須賀常雄『マングローブ入門』めこん、1998

吉村哲彦「旅の記録～マングローブ炭の生産地を訪ねて」http://forest102.life.shimane-u.ac.jp/yosimura/mangrove.html

●ハブ捕り

奄美郷土研究会『奄美郷土研究会報』12号、1971

鹿児島県「年度・保健所・市町村別ハブ咬傷者発生状況」2014

鹿児島県「年度・保健所・市町村・業者別ハブ買上状況」2014

小林照幸『完本毒蛇』文春文庫、2000

中本英一『ハブ捕り物語』三交社、1978

名越左源太『南島雑話　幕末奄美民俗誌』1・2（東洋文庫）平凡社、1984

日本生態学会編『外来種ハンドブック』地人書館、2002

●チン釣り

松本三郎 語り／かくまつとむ 聞き書き『江戸和竿職人歴史と技を語る』平凡社、2006

●コラム　垣漁

田和正孝編『石干見』法政大学出版局、2007

●ウナギ釣り
黒木真理・塚本勝巳『旅するウナギ　１億年の時空をこえて』東海大学出版会、２０１１
鈴木棠三『日本俗信辞典』角川書店、１９８２
文部科学省科学技術・学術審議会資源調査分科会編『五訂増補日本食品標準成分表』国立印刷局、２００５
山口大学「万葉集検索」http://infux03.inf.edu.yamaguchi-u.ac.jp/~manyou/ver2_2/manyou.php

●島養生
大場秀章『サラダ野菜の植物史』新潮社、２００４
かくまつとむ 文／大橋弘 写真『日本鍛冶紀行』ワールドフォトプレス、２００７
マイケル・Ａ・ハフマン「野生チンパンジー薬草利用研究：成果と展望」『霊長類研究』９巻２号、１９９３
マイケル・Ａ・ハフマン「霊長類の自己治療行動―予防と治療」『ＩＣＡＣ ＫＯＢＥ ２０１２ 記録集』公益社団法人Ｋｎｏｔｓ、２０１２

●コーガン捕り
かくまつとむ『野山の名人秘伝帳』農山漁村文化協会、２００９
宮崎弥太郎 語り／かくまつとむ 聞き書き『仁淀川漁師秘伝』小学館、２００１

●南のマツタケ
今関六也ほか『日本のきのこ』山と渓谷社、１９８８

●シシ撃ち
太田猛彦『森林飽和　国土の変貌を考える』ＮＨＫ出版、２０１２
島尾敏雄編『奄美の文化　総合的研究』法政大学出版局、１９７６
須賀丈ほか『草地と日本人』築地書館、２０１２
鈴木博『クロウサギの棲む島　奄美の森の動物たち』新宿書房、１９８５
田畑英勝『奄美の民俗』法政大学出版局、１９７６

●ナリ味噌
有薗正一郎『ヒガンバナの履歴書』あるむ、２００１
川原ナオ子『くじらはま』（私家版）２００７

近藤日出男『四国・食べ物民俗学』アトラス出版、1999
榮喜久元『蘇鉄のすべて』南方新社、2003
斉藤政美 文／椎葉クニ子 語り『おばあさんの「植物図鑑」』葦書房、1995
関葉子「ヘンゴ餅たべるの記」『植物と文化』第20号、八坂書房、1977
高槻義隆「食をたずねて」『いじゅん川』3号、ゆらおう会、1998
宮田登ほか『黒潮の道』（海と列島文化　第7巻）小学館、1991
盛口満・安渓貴子編『ソテツは恩人　奄美のくらし』ボーダーインク、2009

●どんぐり餅

ウィリアム・ブライアント・ローガン 著／山下篤子訳『ドングリと文明』日経BP社、2008
岡村道雄『縄文の生活誌　改訂版』（日本の歴史01）講談社、2002
奥吉野研究会編『上北山村流域』（谿V）奥吉野研究会、1997
川島俊彦『あの頃　酒々井町の戦中・戦後国民学校生が見た戦争』北総ふるさと文庫、2014
北川尚史 監修／伊藤ふくお 著『どんぐりの図鑑』トンボ出版、2001
鬼頭宏『人口から読む日本の歴史』講談社、2000
工藤雄一郎・国立歴史民俗博物館編『ここまでわかった縄文人の植物利用』新泉社、2014
佐藤春夫『定本　佐藤春夫全集』第21巻、臨川書店、1999
奈良県教育委員会『十津川』十津川村、1988
日本地質学会監修『地球全史スーパー年表』岩波書店、2014
盛口満『ドングリの謎』どうぶつ社、2001
森浩一ほか『稲と鉄』（日本民俗文化大系3）小学館、1994

●蜂ゴバ

井上梓ほか「紀伊半島南部における山蜜蜂の伝統的飼養」『近畿作物・育種研究』第40号、1995
久志冨士男『ニホンミツバチが日本の農業を救う』高文研、2009
佐々木正己『ニホンミツバチ』海游舎、1999
農山漁村文化協会編『飼うぞ 増やすぞ ミツバチ』

（現代農業特選シリーズ8）農山漁村文化協会、2014
野本寛一『熊野山海民俗考』人文書院、1990
藤原誠太『だれでも飼える日本ミツバチ』農山漁村文化協会、2010
吉田忠晴『ニホンミツバチの飼育法と生態』玉川大学出版部、2000

●コラム　なべらぼうの友釣り

宇江敏勝『森のめぐみ』岩波書店、1994
渋沢敬三「日本魚名の研究」『渋沢敬三著作集』第2巻、平凡社、1992
福井正二郎『紀州・熊野採集日本魚類図譜』はる書房、1999

●シシ垣

いいだもも『猪・鉄砲・安藤昌益』農山漁村文化協会、1996
石田戢ほか『日本人の動物観　人と動物の関係史』東京大学出版会、2013
江口祐輔ほか『農林業における野生獣類の被害対策基礎知識』農林水産技術会議事務局、2003
遠藤公男『盛岡藩御狩り日記　江戸時代の野生動物誌』講談社、1994
尾崎新一郎「浅里の猪垣」『熊野誌』42号、熊野地方史研究会、1973
木下喜久治「熊野のシシガキ異説」『熊野誌』23号、熊野地方史研究会、1977
紀和町史編さん委員会編『紀和町史』紀和町教育委員会、1991
熊野列石研究会編『熊野列石研究調査報告書』熊野列石研究会、1987
清水和夫「熊野の猪垣と年貢について」『熊野誌』31号、熊野地方史研究会、1986
高橋春成『イノシシと人間　共に生きる』古今書院、2001
常田邦彦・丸山直樹「イノシシの地理的分布とその要因」『動物分布調査報告書』環境庁、1981
新津健『猪の文化史　歴史編』雄山閣、2011
早川孝太郎『猪鹿狸』文一路社、1942
柳田國男・倉田一郎編『分類山村語彙』国書刊行会、1975

●シシ犬
石原謙「太地犬に就いて」『紀伊史談』15号、1935
「一般社団法人ジャパンケネルクラブ」ホームページ http://www.jkc.or.jp/
岩本英二郎「紀州犬雑話」『熊野研究』4号、熊野文化史研究会、1955
岡田睦夫『往古日本犬写真集』誠文堂新光社、2002
滝川貞蔵『熊野・太地の伝承』（私家版）1982
成田哲郎「紀州犬」『熊野誌』13号、熊野地方史研究会、1967

●コド漁
菅豊『川は誰のものか　人と環境の民俗学』吉川弘文館、2006
筑波大学さんぽく研究会編『山北町の民俗3　生業』山北町教育委員会、1987

●ヘボ追い
安藤啓治『だから「へぼ」はやめられない』風媒社、2009
中村雅雄『スズメバチ　都会進出と生き残り戦略』八坂書房、2000
野中健一『昆虫食先進国ニッポン』亜紀書房、2008

●越網猟
宮崎県編『宮崎県史資料編　民俗1』（所収「巨田池の鴨猟」）宮崎県、1992
宮崎県立図書館編『宮崎県史料』第5巻（所収「佐土原藩嶋津家日記1」）臨川書店、1979

初出一覧

●奄美の海幸彦・山幸彦

インターネット・マガジン『SooK（スーク）』（小学館）の連載「南島的縄文ライフ」（2007～2008年、全28回）より。

●熊野、森棲みの暮らし

『南紀州新聞』（南紀州新聞社〔現・熊野新聞社〕）の連載「熊野暮らしの世界遺産」（2004～2006年、全114回）より。

・**どんぐり餅**　同紙2004年4月25日～6月13日（全6回）
・**蜂ゴバ**　同紙2004年8月8日～11月7日、原題「日本蜜蜂」（全13回）
・**【コラム】なべらぼうの友釣り**　同紙2005年7月24日～8月21日、原題「なべらぼう」（全5回）
・**シシ垣、シシ犬**　同紙2005年1月30日～7月17日、原題「猪と犬」（全23回）

●現存する伝統の狩りと漁

雑誌『季刊地域』（農山漁村文化協会）の連載「ハマる　山・川・海の遊び仕事」（2010～2012年、全5回）より。

・**コド漁**　同誌4号（2011年冬号）
・**カジカ漁**　同誌1号（2010年春号）、原題「魚野川のカジカ漁」
・**ヘボ追い**　同誌3号（2010年秋号）
・**越網猟**　同誌8号（2012年冬号）

※いずれも書籍化にあたり内容を加筆・修正したが、登場いただいた方の所属や地域の状況は、掲載時のままとした。

◉著者略歴

かくまつとむ（鹿熊勤）

1960年、茨城県生まれ。雑誌編集者を経てフリー・ジャーナリスト。自然と人間の関係を軸に、農山漁村の生活文化、職人の手業、地域活性化、野遊び、自然保護、環境教育など、幅広い領域で取材活動を続ける。立教大学、同大学院兼任講師。NPO法人日本エコツーリズムセンター理事。著書・聞き書きに『木を読む』『仁淀川漁師秘伝』『鍛冶屋の教え』（小学館）、『江戸和竿職人　歴史と技を語る』（平凡社）、『日本鍛冶紀行』（ワールドフォトプレス）、『紀州備長炭に生きる』『野山の名人秘伝帳』（農文協）など。

糧《かて》は野《の》に在《あ》り
現代に息づく縄文的生活技術

2015年3月10日　第1刷発行

著　者　かくまつとむ

発行所　一般社団法人　農山漁村文化協会
〒107-8668　東京都港区赤坂7丁目6-1
電話　03（3585）1141（営業）　03（3585）1147（編集）
FAX　03（3585）3668　振替　00120-3-144478
URL　http://www.ruralnet.or.jp/

ISBN 978-4-540-14196-6
〈検印廃止〉

Printed in Japan
乱丁・落丁本はお取り替えいたします。
DTP／ふきの編集事務所
装丁／石原雅彦
印刷／㈱光陽メディア
製本／根本製本㈱
定価はカバーに表示

農文協・図書案内

野山の名人秘伝帳
—ウナギ漁、自然薯掘りから、野鍛冶、石臼作りまで

かくまつとむ著　1900円＋税

モクズガニ、山菜、キノコ、松煙墨……。四季折々の自然の恵みを生かしきる農山漁村の暮らし。生業のなかの野趣あふれる楽しみと、伝承の知恵と技の数々を図版とともに紹介。

聞き書き 紀州備長炭に生きる
—ウバメガシの森から

語り・阪本保喜／聞き書き・かくまつとむ　1762円＋税

山を転々としながら家族と炭焼き小屋で暮らした最後の世代から、紀州備長炭のすべてを克明に聞き書き。備長炭の技術書であると同時に、山に暮らした人びとの民俗誌でもある。

職漁師伝　渓流に生きた最後の名人たち

戸門秀雄著　2800円＋税

各地の職漁師（職業川漁師）が伝承してきた共存の知恵、独自の掟から、名人たちの釣技・釣具、魚を守る闘いまで、彼らの生き様を通して奥深い職漁の世界を鮮やかに描き出す。

山漁　渓流魚と人の自然誌

鈴野藤夫著　4857円＋税

移殖放流、伝統釣法、食法等にみる山住みの人びと＝マタギ、木こり、木地師、職漁、炭焼きらと魚の交流史。日本列島地域社会の深層に潜むダイナミックな関係性を掘り起こした労作。

越後三面山人記—マタギの自然観に習う

田口洋美著　2762円＋税

マタギ集落に住みつき、山に生かされた人びとの農耕、採集、狩猟が織りなす四季の生活を聞き書き。「山のことは山に習え」。厳しくも清廉な山人の知恵と心象を描いた異色ルポ。

小国マタギ　共生の民俗知

佐藤宏之編　2667円＋税

山形県小国町のマタギ集落を、歴史をたどり学際的にフィールドワークし、自然を隔離・保護するのでなく、自然と関わりながら持続的に利用し共存する民俗知の復権を展望する。

共同体の基礎理論—自然と人間の基層から

内山節著　2600円＋税

近代的市民社会への行き詰まり感が強まるなかで、新しい未来社会を展望するよりどころとして、自然信仰や民衆の死生観も含め、むら社会の古層から共同体をとらえ直す。

熊楠の森—神島

後藤伸・玉井済夫・中瀬喜陽著　2000円＋税

熊楠が守った神島の原生林は、古来漁師が大切にしてきた魚つき林だった。厳重な保護にもかかわらず、半世紀で森が壊滅した謎を解き、森の原形、先人の知恵、熊楠の真意に迫る。

（価格は改定になることがあります）